一本讀懂明治日本

周佳榮 —— 著

上　明治神宮內的御苑

下　位於東京都澀谷區的明治神宮
建於 1920 年（大正九年），供奉著
明治天皇及昭憲皇太后的靈位。

上　建於 1889 年（明治二十二年）、日本三景之一
的嚴島神社的石柱對聯。

下　位於岡山縣的倉敷市是德川幕府時代的直轄
區，是當時非常繁榮的城鎮。今天倉敷市仍保留
著不少町屋和倉房。

左上　明治
神宮建築群

右上　1887 年（明治二十年），明治
天皇曾經行幸平等院。位於京都府
宇治市、創建於 1052 年（永承七年）
的平等院，是由當時的關白藤原賴
通改建繼承自父親的別莊而成。

下　平等院建築群

上　神戶市北野町以其在十九世紀和二十世紀初為西方商人和外交官建造的樓房而聞名。圖中的風見雞館是由德國商人湯瑪斯建於 1909 年（明治四十二年），以其三角形屋頂上聳立著風向雞而得名。

左下　1868 年（明治元年），德兵衛在京都三條創立了首間「本家田每」的蕎麥麵店。據說「田每」這個名稱，是取自信濃更科「田每元月」的景象。

右下　1864 年（元治元年）7 月 11 日，佐久間象山在京都被攘夷派人士河上彥齋暗殺。

上　位於京都市、後藤象二郎曾經寓居的地方。

下　位於京都市、坂本龍馬曾經寓居的地方。

上　當年坂本龍馬和中岡慎太郎在京都遇刺的地點，現在已成為一家迴轉壽司店。

下　鎌倉文學館的前身是前田利嗣侯爵在鎌倉的別墅，館內收藏了夏目漱石、川端康成等鎌倉文士的手稿及其他珍貴文物。

目　錄

編寫說明

第一，選取人物包括幕末維新的主角和相關人士，採廣義的明治維新說法，兼顧明治時期各方面的代表人物。

第二，分重點人物和人物群像兩類，重點人物較為詳細，三五千字不等；人物群像只做介紹，三五百字至一千餘字不等。

第三，年份以西曆為主，重點人物在有必要的地方酌量加日本年號，人物群像通常不加日本年號，以免過於瑣細。

序

　　明治維新是近代世界史的大事，使日本成功走上了富國強兵之路。2018 年正值明治維新一百五十週年，8 月至 9 月間，我為新亞研究所主辦的「誠明講堂」開設一連四次的講座，以著名人物為脈絡，剖析明治日本內外諸問題，及中、日、韓三國之間千絲萬縷的關係。借鑑這段歷史，我們可以對東亞局勢有更透徹的理解。

　　鴉片戰爭發生之後，東亞諸國都面臨著西方勢力的衝擊，不但陷入亡國滅種的危機，就是固有文化也受到史無前例的挑戰。對這些國家來說，近代是痛苦的歷程，同時又是珍貴的經驗，影響十分深遠。

　　十九世紀中葉，中國未能貫徹改革圖強的決心；日本則迅速化被動為主動，藉著明治維新，在政治上推行立憲制度，在經濟上發展資本主義，在文化上廣納世界知識，在社會上擴大市民自由，從一個封建國家轉化為一個近代國家。但日本追隨西方列強走上向外擴張之路，在甲午戰爭中打敗中國，其後更吞併朝鮮和發動一連串的侵華戰爭，第二次世界大戰期間更

為自己的國家帶來了嚴重禍害。

　　無論如何，明治維新是亞洲近代化成功的典型例子，曾經是亞洲一些國家仿效的對象，晚清的戊戌維新就是受到日本若干影響。戰前遺留下來的歷史問題，至今未能完全消弭。必須指出的是：一國的富強，繫於其文明的程度；一國的命脈，則有賴文化的綿延。今日的東亞地區，正朝著亞洲太平洋時代以至全球化時代進發，可以肯定地說，支配這個新世代的政治、經濟是表象，結合教育和文化的知識信息，才是深層次的導向力量。

　　在日本明治維新之後，中國爆發了五四運動，結合新文化運動而成五四新文化，已逾一個世紀了。2019 年 4 月至 5 月間，我為「誠明講堂」開設另一個講座，名為「人物五四運動：新文化與論爭」，頗有點「接著講」的味道。現在將「人物明治維新：近代日本風雲」講稿整理出來，並作了相應的增訂，不但可以更全面地認識明治維新，亦有助於探討中國現代化的歷程和路向。

周佳榮　謹識

2020 年 3 月 9 日

導論：明治維新的歷史進程

　　近代日本的明治維新，在政治上，是打破長達二百多年的幕藩體制的一個大變革，使日本成為近代天皇制國家；在社會經濟上，則是擺脫封建制度的種種羈絆，從而走向資本主義社會的起點。

　　明治政府成立之初，即致力於汲取西方文化，以建立近代社會，期望能臻於富國強兵之境。與此同時，由於爭取國家獨立自主，民族意識高漲，與西方相拮抗的民族主義亦隨之湧現；更因採取以國家權力為中心的路線，結果並沒有走向形成國家文化的方面去，而是朝著國家主義發展，後來甚至出現了極端的國家至上主義。以下分別就明治維新開展的起點、中央集權體制的確立、財政經濟方面的變革、歐美文化思想的攝取，依次加以說明。

1. 明治維新開展的起點

　　明治維新是指倒幕、廢藩及樹立中央統一權力的政治過程及其變革。但始於何時，結束於何時，其變革的本質是甚麼，學術界有激烈的論爭。

表一　幕末明治初年的政論和派系

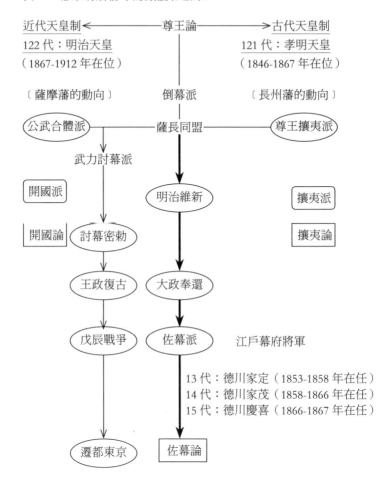

明治維新的三大前提，就是富國強兵、殖產興業、文明開化，而以富國強兵作為指導改革的總方針。1867 年江戶幕府第十五代將軍德川慶喜奉還大政後，朝廷命諸大名上京參議國是，發佈王政復古宣言。

1868 年，明治天皇率領百官敬告天地神祇，宣讀《五條誓文》，其中最重要的一條是「廣求知識於世界，以振起皇基」。

從封建制度走向資本主義的過渡期中，產生的中央集權國家，形成絕對主義政體。扼要地說，絕對主義的兩大支柱，一個是官僚制，另一個是軍隊。

2. 中央集權體制的確立

首先，是身份制度的變革。在廢除封建制度的原則下，基於四民平等的思想，將士農工商的四民改編為華族、士族、平民的三族籍，消除了舊來的差別。其措施是廢公卿與大名的稱號，合為華族（即貴族）；武士為士族；農、工、商等為平民。承認平民有姓氏、遷居及選擇職業的自由，可與華族、士族通婚。不顧士族的反對，1871 年發出《散髮脫刀令》；1876年發出《廢刀令》，禁止帶刀。

士族與平民的實質差別消失了，但因政府的中心原是舊下級武士，其改革仍不夠徹底。例如華族依然受到優遇，成為絕對主義天皇制的屏藩；家父長的家族制度，妨礙了後來的社會民主化；被差別的人們編入了平民，但部落解放並不徹底。

士族原有舊祿，成為國家財政的負擔。政府雖

然慎重處理並採取補救辦法，仍不免使士族沒落及貧困，造成不平士族的反叛。原因有二：其一，是不滿薩長藩閥專制政治日漸加強。其二，是政府的開國和親及歐化政策，使具有強烈攘夷思想的士族反感。

1877年，因在征韓論爭中失敗而返回鹿兒島的西鄉隆盛，更表明反政府並起事作亂，史稱西南戰爭。這是不平士族最大的和最後的反抗，結果擁有近代兵制整備的政府軍取得勝利，自此之後，全日本的國土，都在政府的支配之下。

其次，是兵制和警察制度。明治政府於1873年1月發出《徵兵令》，4月開始實施，其內容主旨為國民皆兵，二十歲以上的成年男子都有服國民兵役的義務。經過徵兵檢查後服役三年，戶主、長男、官吏、學生及兩百七十元以上的納金者，免除兵役，實際上是以農民為主。

《徵兵令》發佈後，明治政府於廣島和名古屋增設二鎮台。另一方面，致力於陸海軍的整備。陸軍初採法國式兵制，後改為德國制。海軍初時僅有舊幕府軍艦，1872年設置海軍省後，採英國式，逐漸達於整備。不過，1879年艦艇僅是一萬五千噸，仍未脫從屬於陸軍的形態。

1878年成立參謀本部作為軍令機關，從政府和陸

軍省獨立出來，專管有關作戰事宜，直屬於天皇，稱之為統帥權的獨立。這本來是為了保持作戰的機密，後來卻成為軍部專橫的因素。還有，1888 年擴充鎮台，改稱師團。師團的兵力平時約一萬人，戰時約有兩萬五千人。

隨著兵制的確立，警察制度亦漸整備。開始時是 1871 年在東京府任命三千名邏卒維持治安，次年移於司法省的警保寮。1873 年內務省設置後，警察隸屬該部門；次年首都警察從政府知事獨立出來，稱警視廳。其後參考外國制度，在全國設立警察，內務省因警察力量的擴大，在國內進行強力管理。

再者，是明治初期外交和確定國家版圖。在一方面，日本政府向各國締結修約；另一方面，是想對幕末以來的不平等修約作出修改。又乘歐美諸國因歐洲複雜的外交而忙碌之際，考慮侵略朝鮮。扼要地說，明治初期的對外行動是派遣岩倉大使到歐美考察；言論方面，是征韓論和征台論。至於版圖之確定，對俄國是千島樺太交換修約，對朝鮮是《日朝修好條規》，對中國是《日清修好條規》，對美國是小笠原諸島的歸屬決定。

總之，明治政府棄置了幕末的攘夷鎖國措施，改採開國和親政策。1868 年設外國官，次年成為外國事

務局，並改定為外務省（即外交部），且於 1872 年派遣公使到有關係的國家。

幕末訂下的不平等通商條約，1872 年正值修改期，明治政府為了預備修改條約事宜，又為了進行近代化而視察外國制度和文物，因而決定以外務卿岩倉具視為首，連同木戶孝允、大久保利通、伊藤博文、山口尚芳等人組成使節團，前往歐美各國訪問。1871 年 12 月，岩倉使節團在東京出發，至 1873 年 9 月回國，此次視察對後來的政策決定有很大參考作用，並痛感修改條約和整飭內治為日本當務之急。

鄰邦朝鮮王朝在日本開國後仍然堅持鎖國方針，明治政府向朝鮮要求修好，但朝鮮保守的國王之父大院君李昰應不予回應。明治初年，木戶孝允等人為張揚國威於海外，並轉移國人對內亂危機的視線，因而提倡侵略朝鮮的征韓論。1873 年，板垣退助、後藤象二郎、大隈重信、江藤新平等土佐、肥前兩藩的參議，內定西鄉隆盛為遣韓大使，以豎立與薩摩、長州兩藩對抗的力量。薩長兩藩的有力人士岩倉大使回國後，雙方的對立狀態更形深刻。一方面是留守派（征韓派），另一方面是外遊派（內治派）。

岩倉具視、大久保利通、木戶孝允等並非反對征韓，而是基於時間和方法上的問題，以及薩長兩藩、

土肥兩藩之間的派閥勢力消長。結果，西鄉隆盛等征韓派下野歸里，造成藩閥政府內部最初的大分裂，大久保內通於此後發揮其獨裁權力。

3. 財政經濟方面的變革

隨著政治上的中央集權化，財政經濟的近代化亦成為新政府的重要課題。明治政府的措施有二：其一是地租改正，改革土地制度，藉此確立財政。其二是殖產興業，以資本主義之保護育成，力圖使產業有所發展。

地租即地稅，是政府的主要財政來源。地租改正就是地稅改革，有關的法令由 1873 年起發佈，至 1881 年左右完成，主要內容包括：（1）全國土地的丈量及土地平均收穫量的確定，以此為基礎確定地價。（2）將記入地價的地券交予所有者，確定土地所有權，自作地交給耕作者，小作地交給地主。（3）以地價的百分之三作為地租的定率，徵收現金。

地稅改革的意義有二：第一，照應著廢藩置縣後的權力集中，是確立和強化其財政基礎的政策。第二，領主的土地所有之廢絕，與農民私有土地所有權之確認，是地主制之創出及確認的政策。

殖產興業方面，明治政府於 1870 年設立工部省，

繼承原有通商司的職掌，致力於達成此目的。在政府的指導下，主要開展以下幾項：（1）官營事業，包括軍需工業、紡織工業等官營工廠的建設及資金援助。（2）設置北海道開拓使，從事北海道的開發，此舉乃為農業近代化，亦有軍事上之目的。（3）貨幣、金融制度之整備，採用金本位制，發行新紙幣，及發佈國立銀行條例。（4）交通、通信之發達，鋪設電纜，採用郵政制度及開通鐵路。

1877 年左右，民間企業也漸次興起，這是由於政府的保護，及將官營工場平價出售，即產業由官營轉為民營，例如阿仁礦山的設備費是一千六百零六日元，售兩百五十日元；小阪礦山的設備費是五百四十七日元，售兩百五十日元。民間企業在工業、鐵路、海運方面都有很大的發展，其結果，是造成政商與政府的合作加強，財閥萌芽即以此為基礎。

4. 歐美文化思想的攝取

文明開化口號的範圍很廣，在日常生活中，衣食住行各方面都加入了所謂洋風的習慣，例如採用太陽曆，吃麵包和牛肉，飲牛乳，剪頭髮等。教育方面則頒佈學制和《教育令》，並創立各種學校。此外，諸如外國思想的介紹，新聞紙和雜誌的出版等，大大地

改變了日本人的生活方式。

另一方面，亦可以覺察到藩閥政府只想把歐美思想統制於「專制啓蒙」的框框內。當時戲言，奈良興福寺要以十元賣出去，但對方認為清拆費過高而不買。浮世繪的價錢很便宜，日本人不重視，結果給外國人買了，很多名作流出海外。

維新時期的政治抗爭告一段落，近代文化便逐漸抬頭。資本主義發達是部分原因，國民次第獲得享受文化的餘裕，亦助長了風氣。這個趨勢出現於明治二十年前後，與此同時，顯示了歐風尊重的時代向國粹主義轉換，而其契機，是由於當時政府推行近於瘋狂的鹿鳴館歐化主義，引起國民反感並作出反撥。此後，甲午戰爭、日俄戰爭兩次戰役亦有影響，例如福澤諭吉強調甲午戰爭是「文野之戰」，即文明與野蠻的對決，而以戰勝一方為「文明」。

自然科學方面，以幕末的洋學為先導，達到一些世界性的成就，如醫學；人文科學方面，雖然不能大大超出移植西方文化的階段，但已有顯著的特色，例如藝術具有傳統之維持與革新的兩面性，演劇可見歌舞伎之復興和新派、新劇的流行。

明治政府在廢藩置縣的同時，設立文部省（即教育部），於 1872 年訂立學制，指向四民平等、機會均

等，顯示了義務教育的方針。其制採法國式，分全國為八個大學區，每個大學區分為三十二個中學區，每個中學區分為二百一十個小學區，但因財政困難並無實現。教科書的內容，大多是美國課本的翻譯。小學學費每月五十錢，農民以其增加負擔，及於農繁期奪去勞動力，曾經起來反對子弟就學。

學制頒佈後，各地紛紛設立學校，1873 年就學率為百分之三十一，1878 年增至百分之四十一，但就學率的高低，因地而異。1879 年廢止學制，頒佈《教育令》，尊重地方自治，採取適合地方實情的自由主義教育制度。1880 年頒佈《改正教育令》，強化中央統制教育事務。

1872 年，東京設師範學校，各府縣亦順次開設，的培養師資。1874 年，東京設女子師範學校。1886 年，東京更有訓練中等教員的高等師範學校。1877 年，把舊幕府的諸學校統合起來成立東京大學，有醫、法、文、理四個學科。東京大學的名稱幾經改換，1886 年稱帝國大學，1897 年稱東京帝國大學，以別於其他帝國大學（如京都帝國大學等），第二次世界大戰後，於 1947 年復稱東京大學。

私校方面，福澤諭吉於 1868 年設立慶應義塾，1903 年成為慶應義塾大學（通稱慶應大學）；大隈重

信於 1882 年設東京專門學校，1903 年改稱早稻田大學；1875 年新島襄在京都設同志社英學校，後來成為同志社大學。以上並稱日本三大私立大學，此外，1881 年明治法律學校在東京成立，後來成為明治大學。女子教育方面，先後有女學校和女子大學成立。

《改正教育令》是教育國粹化的第一步，明治天皇憂慮民權思想，命侍讀元田永孚編修《幼學綱要》並於 1882 年頒佈，以忠孝仁義為教育基準。1886 年，文相森有禮頒佈了以國家主義教育為目標的《學校令》，包括小學、帝國、師範、諸學校令，帝國大學成為官員的養成所。1890 年頒佈的《教育敕語》，以東洋道德為基調。小學校兒童就學率於 1911 年為百分之九十八，可見其教育普及的程度。至於明治時期的思想概況，以下三方面足以見其大概：

（1）外國思想之導入：初期為英國的功利主義如自由、平等，及法國的共和主義；繼而是以美國基督教思想為中心的社會思想、人道主義，及德國的國權主義。

英國方面，福澤諭吉著《西洋事情》、《勸學篇》和《文明論之概略》，中村正直譯《自由之理》（J.S.Mill, *On Liberty*）和《西國立志編》（Samuel Smiles, *Self Help*），後者被譽為「明治之聖經」。英國

功利主義的導入，對封建思想的破壞有很大影響。

（2）文化活動的開展：1873年（明治六年），在森有禮的倡導下，成立了一個叫做明六社的文化團體，是明治初期啓蒙活動的中心，在新舊思想混亂的時代中，政治、經濟、教育、歷史、自然科學各方面，都顯示了新方向，福澤諭吉、中村正直等人都是社員。1874年發行《明六雜誌》，批判封建思想，介紹歐美自由主義思想。其取態是開明的，提倡漸進主義，但明六社因與政府方針不合，1875年宣佈解散。

1870年《橫濱每日新聞》創辦，是日本最初的日報；1872年《東京日日新聞》創辦；1879年在大阪有《朝日新聞》的創刊。明治時期出版的報紙和雜誌，為數是相當可觀的。

（3）國粹主義的抬頭：對於鹿鳴館時代歐化主義的反撥，就是國粹主義思潮的抬頭。西村茂樹著《日本道德論》，強調日本固有的道德美。1887年，日本弘道會成立，致力於振興日本道德。1888年政教社成立，《日本》（後易名為《日本及日本人》）論陳國粹及國家主義。德富蘇峰於1887年成立民友社，創辦《國民之友》雜誌和《國民新聞》，鼓吹平民主義，而於甲午戰爭後轉向國粹主義。日本新聞社的陸羯南於1889年創辦《日本》，提倡國家之自主獨立而為

日本主義。

　日本宗教界國粹化的情形，尤為值得注意。明治時期的宗教政策有二：一是神佛分離，二是基督教的認可。其結果是致使佛教、基督教的日本化，及神道國教化。在維新之初，神道因王政復古的思想背景繁榮起來，1868 年頒佈《神佛分離令》，1870 年頒佈《大教宣佈之詔》，神道一時興盛，但隨著復古思想的退潮而回落。在幕府時代受到保護的佛教，因《神佛分離令》而失卻其特殊地位，各地曾有燒寺院、佛像、經卷的暴動，謂為廢佛毀釋。其後佛教復興成為日本宗教的大宗，井上圓了等人並從事佛教哲學的研究。基督教的禁令於 1873 年解除，為明治政府默認，新舊兩教教士相繼赴日，在知識階層傳播較多。日本人也有兼信兩種宗教的，神道和佛教普遍為日本人所接受。

　總的來說，明治維新對近代日本的影響是全面而深遠的。與其當作是天翻地覆的一場政治變革，毋寧視之為鋪天蓋地的一番文化創新。明治維新的原意是王政復古而維新，從富國強兵到文明開化，英文稱之為 Meiji Restoration，也就是這個意思，不妨認為這是日本自古代大化革新後的「文藝復興」。

第一章

開國與維新

1603 年，德川家康（1542-1616）任征夷大將軍，繼鎌（日文作鎌）倉幕府和室町幕府之後，建立日本史上第三個幕府，稱為江戶幕府，又稱德川幕府。江戶就是現在的東京。

江戶幕府的政治組織以將軍為最高統治者，以老中、若年寄、大目付、目付和寺社、勘定、町（江戶）三奉行為中心，在分擔職務的基礎上採取合議制，有時在老中之上設置大老。另於京都設置所司代，控制天皇、公家、寺社；在駿府、大阪、二條城設城代，由譜代大名負責城防。

以大名為中心的武士團，一方面尊奉江戶幕府為統一政權，另一方面有自己獨立支配的領地，稱為藩。大名有義務為將軍效勞，按照與將軍家的親疏程度，分為親藩、譜代、外樣，受幕府統制，承擔參觀（勤）交代（定期到江戶謁見將軍）、軍役和其他義務。大名的數目，在穩定時期約有二百六十家至二百七十家。至於武士團，則以服軍役為中心，編成大名的家臣團，確立了鞏固主從關係的知行制度。藩領（大名領地）的農民由大名統治，審判權也由大名掌握，但查禁天主教、重要治安警察權和跨地區審判權，則由幕府掌握。

總括地說，江戶幕府通過地方諸藩，即大名所支

配的領國及其機構，維持封建關係和推行封建統治，這種國家組織叫做幕藩體制，是日本最成熟的封建制度。這個體制有兩大支柱：一是世襲的身份制度，將人民分為士、農、工、商（町）四等；一是嚴密的鎖國政策，禁止日本船及日本人出國，只容許中國人和荷蘭人到九州的長崎通商。

十八世紀初開始，幕府財政出現困難，曾進行享保（1716-1736）、寬政（1789-1801）、天保（1830-1844）三次改革，但都沒有成效。城市和農村的危機漸露，加上外來壓迫日深，致使倒幕運動興起。

十八世紀末至十九世紀，產業革命的浪潮，以英國為中心，在歐美各國擴展開來。西方國家為了推銷大量生產的商品，於是向全世界拓展市場和尋求原料。

1853 年，美國海軍提督培理（Matthew C. Perry）到日本叩關；次年，日本被迫開國，與美國簽訂《日美親善條約》（又稱《神奈川條約》），繼而與英國、俄國簽訂親善條約，結束了二百年的「鎖國時代」。其間，日本出現尊王攘夷思想和運動，形成倒幕派，促使幕府將軍大政奉還，朝廷宣佈王政復古。江戶幕府於 1867 年 12 月 8 日垮台，結束了二百六十四年的統治。這一連串政治事件的過程和相關改革，史稱明治維新。

明治維新由何時開始，學界有兩種說法：一種是天保說（1830-1840），另一種是開國說（1853-1858）。至於明治維新的下限，眾說紛紜，主要有 1873 年（明治六年）、1877 年（明治十年）、1884 年（明治十七年）、1889 年（明治二十二年）等，甚至定在 1911 年（明治四十四年）。以 1868 年改元明治作為明治維新的「象徵性」年份，是一種權宜方式；而以 1912 年（明治四十五年）明治天皇去世作為結束之年，道理相同。換言之，這是廣義的明治維新，與日本學界多著眼於新舊政權交替、狹義的明治維新，是有所不同的。明治維新的歷史意義，可以得到更充分的彰顯。

1.1 德川慶喜：奉還大政的幕府將軍

1. 出身水戶藩的末代掌舵人

江戶幕府第十五代將軍德川慶喜（1838-1913），乳名七郎麻呂，本名最初叫做昭致，是水戶藩藩主德川齊昭的第七子。他出生的時候，日本正處於內憂外患的嚴重境況，當時發生天保饑饉，大坂（今大阪）到處有饑民，大鹽平八郎以私財救濟，卻因此開罪了官府，於是憤而起義，遭到鎮壓。大鹽平八郎父子自

殺，震動了幕府。

在同一年，美國商船馬禮遜號藉送還日本漂流民，企圖打開日本大門，先後駛抵浦賀和鹿兒島，但被日方炮轟而退。德川齊昭向將軍德川家慶上了著名的《戊戌封事》（封事即密封意見書），強調在內憂外患的情況下，實有改革的必要。

德川慶喜出身的水戶藩，是與德川將軍同族的御三家之一，享有在江戶永居的特權，被視作「副將軍」，因此不能入繼將軍之職。1847年（弘化四年）德川慶喜十一歲時，由將軍授意把他過繼給缺嗣的一橋家。一橋家是御三卿之一，御三卿是德川氏的同族，有保持將軍家血統及提供將軍繼承人的作用。德川慶喜改稱一橋慶喜，因此獲得繼承將軍的資格。

第十三代將軍德川家茂體弱無子，需要確定繼承人，松平慶永（春岳）、島津齊彬等大名推薦一橋慶喜為繼承人，形成了一橋派（改革派）；而擁戴紀伊藩的德川慶福，則形成紀州派（保守派）。紀州派推井伊直弼任幕府大老，擊敗了一橋派，德川慶福成為將軍繼嗣，即後來的第十四代將軍德川家茂。

安政大獄時，一橋慶喜受「隱居」、「謹慎」處分，即禁閉在家裏，不允許白天外出。至1860年（安政七年）井伊大老被刺，他始獲赦。1862年（文久二

年）幕政改革後，擔任將軍後見職（監護人），推行維持幕權、公武合體的政策。1866 年（慶應二年）德川家茂去世後，一橋慶喜進宮請求終止長州征戰；同年 12 月，繼任為第十五代將軍。

2. 進行大規模的幕政改革

德川慶喜在位期間，在法國公使羅休（Roches Leon）的建議和幫助下，汲取歐式制度，於政治、外交、軍事、經濟各方面，都進行了一些改革，設想建立一個以德川氏為中心的統一權力結構，藉此恢復幕府的權威和武力。當時是在慶應年間，史稱慶應改革，改革的內容，包括政治、外交、軍事、經濟四方面：

（1）政治方面，幕府實行內閣制，設立海軍、陸軍、外國事務、會計、國內、裁斷六局，改組政府機構和選拔人才；改革官制禮儀，廢除一些閒職，節省冗費，及廢除一些節日禮儀。又採取措施改善朝廷地位，拉攏皇室公卿，藉著對朝廷的尊奉，鞏固幕府的地位。

（2）外交方面，採取措施申明幕府為日本政府的代表；德川慶喜派他的弟弟松平昭武到法國，會見拿破崙三世（Napoléon III），結交各國皇室，擴大影

響。德川慶喜得到兵庫開港敕許，打破了外交僵局。

（3）軍事方面，致力於陸海軍的近代化，編成槍隊及新設工兵，開辦陸軍傳習所；設立士官學校，由這個學校學生組成的傳習隊，在戊辰戰爭中據有東北，成為政府軍的勁敵。幕府又設海軍奉行，聘請法國海軍士官傳授海軍技術，後又聘請英國軍官設立海軍傳習所。發展軍火工業，相繼建立橫須賀製鐵所和火藥製造所。

（4）經濟方面，著手進行一些改革，主要是為了集中資金克服財政危機，加強幕府的力量。但大都停留在設想階段，並未得以實現。在戊辰戰爭中，暴露出幕府軍的裝備和指揮都比薩長軍隊落後。不過，改革的方向，在一定程度上，對明治維新起了啟示作用。德川慶喜在內外交困的情況下，力求挽救幕府命運，慶應改革的措施，足以反映出德川慶喜並不是一般的平庸之輩。但此時的幕府已經不得民心，各地頻頻出現農民暴動和起義，封建秩序急劇崩潰，憑一己之力是無法力挽狂瀾了。

3. 戊辰戰爭的經過和結果

1867 年（慶應三年）中期，土佐藩的中岡慎太郎、坂本龍馬、後藤象二郎等，與薩摩藩的西鄉隆

盛、大久保利通等人舉行會議，締結薩土同盟；在土佐藩藩士的周旋下，薩摩藩與長州藩兩大倒幕主力，結成薩長同盟，掌握了京都和皇宮的警衛。然後由年僅十六歲的明治天皇發佈敕令，命德川慶喜交出政權，如不服從，則號召全國勤王討幕。鑑於倒幕派的力量尤其是海軍比幕府較弱，坂本龍馬、後藤象二郎主張先禮後兵，以期德川慶喜自動放棄政權，於是透過土佐藩藩主山內豐信（容堂），向幕府提出大政奉還建議書。

德川慶喜接到建議書後，即召集官員宣佈奉還大政的決心。當天討幕派得到天皇的討幕密敕，薩摩、長州等藩的軍隊陸續向京都集中。西鄉隆盛率領薩摩兵把守宮門，明治天皇正式宣告王政復古，廢除幕府制，當晚倒幕派議決要德川慶喜完全退出政治舞台。但德川慶喜不予答覆，在京城集結了幕府兵五千人和會桑藩兵四千五百人，因京城不利作戰，退到大坂（今大阪），顯示了更強硬的態度；並且會見英、法等六國公使，宣佈自己仍是日本政府代表，同時指責薩長同盟發動政變。1868 年初，德川慶喜下令討伐薩摩藩，大軍向京都進發，幕府和維新政權之間的一場決戰正式開始，史稱戊辰戰爭。

戰爭首先在海上進行，幕府軍艦在兵庫附近海面

向薩摩藩軍艦發動攻擊，一時佔有優勢。陸上的幕府軍則兵分兩路，從京郊的鳥羽和伏見向京都進攻，幕府軍有一萬五千人，朝廷方面僅有五千餘人。但幕府軍裝備差，士氣又低落，初戰即受挫，向淀城敗退。淀城藩藩主突然倒向朝廷，拒絕幕府軍入城。朝廷分三路進攻，在關鍵時刻，幕府的友軍津藩倒戈，幕府軍崩潰，全部撤回大坂。德川慶喜在 1 月 6 日晚上帶領數十人逃出大坂城，乘開陽丸由海路返回江戶。海軍副總裁榎本武揚、陸軍奉行小栗忠順等堅決主戰；但眼見朝廷來勢洶洶，於是請前將軍夫人、皇族靜寬院出面調停，又起用主和派勝海舟為陸軍總裁，意圖緩和局勢。

朝廷方面，明治天皇宣佈親征，任命熾仁親王為東征大都督，向江戶進軍。當時大部分的藩已經歸順朝廷，德川慶喜只得放棄抵抗念頭，自己退出江戶城，屏居上野寬永寺大慈院，請求朝廷寬大處分，而由勝海舟擔起實施恭順的具體任務。勝海舟親自與西鄉隆盛談判，以地方形勢不穩及江戶焦土抵抗為言，雙方終於達成寬大協議：第一，德川慶喜回水戶隱居，江戶和平開城。第二，軍艦兵器收存，寬大後分批交出。第三，對所有相關人員寬大處理，免死罪。不過，幕府軍中有不少人脫走，參加了奧羽越列藩同

盟；這是以仙台、米澤等奧羽二十五藩，加上越後、長岡等六藩而形成的反對新政府同盟。海軍副總裁榎本武揚，則率海軍主力逃往北海道。這些武裝抗拒，均被朝廷平定。

4. 德川慶喜的歷史地位和評價

德川慶喜奉還大政之初，關東和東北一帶的佐幕勢力還很強盛，江戶城內主戰派的實力仍然雄厚，但他見大局已定，不作最後抵抗，從此退出政治舞台。日本史學界對他此舉有不同看法，有人認為，他身為幕府將軍，應為幕府作最後一戰。應予指出的是，德川慶喜既保全了自己，也保存了江戶城，減少大規模流血和損失，對明治維新的進程是有利的，應當給予正面的歷史評價。

朝廷在處分德川氏時，決定由田安龜之助（德川家達）繼承宗家，封於駿府七十萬石。1868 年 7 月，德川慶喜遷至駿府。1880 年（明治十三年）復正二位，後為公爵。

德川慶喜退出政壇時，是在三十二歲精壯之年。1897 年移居東京前，他大部分時間住在靜岡，刻意遠離政治中心，過著優裕的貴族生活，主要是打獵和遊玩，醉心於照相，以及生兒育女。在靜岡時期，有兒女

二十一人，1871 年至 1891 年，總共生了二十四個子女。

　　1898 年（明治三十一年），德川慶喜才首次會見明治天皇和皇后。1913 年（大正二年）去世，享年七十七歲。澀澤榮一編的《德川慶喜公傳》，可以說是一部從幕府方面著眼撰寫的幕末史。

表二　幕末動亂時期活躍的人物

人名	出身、經歷	生卒年份	1867 年奉還大政時的年歲
德川慶喜	幕府將軍	1837-1913	三十一歲
勝海舟	幕府幕臣	1823-1899	四十五歲
榎本武揚	幕府幕臣	1836-1908	三十二歲
坂本龍馬	土佐藩鄉士	1835-1867	三十三歲（被暗殺）
中岡慎太郎	土佐藩鄉士	1838-1867	三十歲（被暗殺）
板垣退助	土佐藩鄉士	1837-1919	三十一歲
後藤象二郎	土佐藩鄉士	1838-1897	三十歲
山內豐信	土佐藩鄉士	1827-1872	四十一歲
西鄉隆盛	薩摩藩藩士	1827-1877	四十一歲
大久保利通	薩摩藩藩士	1830-1878	三十八歲
大隈重信	肥前藩藩士	1838-1922	三十歲
岩倉具視	京都侍從	1825-1883	四十三歲
三條實美	京都公家	1837-1891	三十一歲
本戶孝允	長州藩藩士	1833-1877	三十五歲
井上馨	長州藩藩士	1835-1915	三十三歲
山縣有朋	長州藩藩士	1839-1867	二十九歲
高杉晉作	長州藩藩士	1839-1867	二十九歲
伊藤博文	長州藩藩士	1841-1909	二十七歲

【人物群像】

■德川家定：日本開國時的幕府將軍

德川家定（1824-1858），幕府第十三代將軍。幼名政之助，是第十二代將軍德川家慶第四子，因諸兄早逝，他在1853年（嘉永六年）任征夷大將軍。因體弱多病，幕政由老中阿部正弘、堀田正睦等主導。翌年由於締結《日美修好通商條約》，致使幕府內部意見分歧；復因德川家定無子，引起了繼嗣糾紛。

1858年，以水戶藩藩主德川齊昭為首的一橋派，與以幕府大老井伊直弼為首的紀州派（亦稱南紀派）糾紛甚烈之時，德川家定死於腦溢血，年僅三十五歲。他作為將軍世子時的兩個妻女，都相繼去世；第三個妻子是正室篤姬（天障院），自此成為德川家的守護者。

■篤姬：致力維護德川家

篤姬（1836-1883），薩摩藩（鹿兒島縣）藩主島津齊彬的養女，二十一歲時成為江戶幕府第十三代將軍德川家定的正室（御台所）。將軍之妻稱為大奧。入門僅一年九個月，德川家定去世。德川家茂襲將軍職，篤姬入佛門，稱天璋院。

為達成公武合體，德川家茂迎娶皇女和宮為正室。薩摩藩要求天璋院歸國，但被她拒絕，決心以德川家族成員身份，支持德川家茂。

戊辰戰爭後，幕府處於崩壞邊緣，她向外家島津家和朝廷嘆願，協助德川慶喜挽救德川家，達成江戶無血開城，卸去大奧，入德川家之邸。她熱心教育第十六代當主德川家達，以此終其一生。後病逝，享年四十八歲。

■德川家茂：幕府第十四代將軍

德川家茂（1846-1866）是和歌山藩藩主德川齊順的長子、德川家齊之孫，母松平氏。幼名慶福，院號昭德院。由於江戶幕府第十三代將軍德川家定的繼嗣問題，德川家茂與一橋派推舉的一橋慶喜相對立。1858 年（安政五年），德川家茂在井伊直弼等人的擁立下任將軍，時年僅十三歲。後迎娶孝明天皇之妹和宮內親王（靜寬院宮）入江戶，史稱和宮降嫁；德川家茂並兩度進京，推進公武合體政策。將軍進京是不尋常的事，自上一次第三代將軍德川家光（1604-1651）以來，相隔將近三百年了。

德川家茂在第二次征伐長州時，病死於大阪陣中，時年二十一歲。幕府軍與裝備了西洋新式槍炮的長州軍作戰時，使用的依然是舊式武器，軍事實力差距懸殊，結果接連戰敗。將軍突然去世，加深了幕府的危機，因為當時繼嗣人選尚未決定，結果由一橋慶喜（德川慶喜）繼任為將軍。

■和宮：嫁入德川家的皇女

和宮（1846-1877），仁孝天皇第八位皇女，孝明天皇的異母妹，名親子，和宮是幼稱。1851 年已與有栖川宮熾仁親王有婚約，但 1862 年因幕府的要求，與幕府第十四代將軍德川家茂結婚，成為他的正室，史稱和宮降嫁。德川家茂去世後，她改稱靜寬院。

和宮降嫁問題，是幕府為實現公武合體而推行的聯姻政策。安政大獄後，朝廷與幕府的關係很緊張，內憂外患頻仍，幕府為實現公武合體，老中安藤信正等於

1860 年獻策，促使朝廷與幕府妥協。同年在岩倉具視奏請下獲敕許，次年 10 月 20 日成婚。和宮下嫁，實現了朝廷與幕府結合。明治維新前夜，靜寬院曾說服德川慶喜和平移交政權及開放江戶。

■阿部正弘：與美國締結親善條約

阿部正弘（1819-1857），幕府末年的老中，號裕軒。備後福山（在今廣島縣）藩藩主、伊勢守。1845 年接替水野忠邦任老中首席。1853 年，美國使節培理進入浦賀港要求日本開國時，阿部正弘向朝廷上奏外交事務，同時向大名和幕府官員諮詢對策，因為處理這一超出「祖法」的問題，需要統一國家輿論。他鑑於形勢決心開國，於翌年與美國及其他西方國家締結親善條約。

後來，阿部正弘將老中首席之位讓給堀田正睦，他自己專任內政，改革幕府獨裁制度，初開眾議制端緒。又解除製造大船的禁令，創建海軍；興辦洋學所，吸取西洋文化。他還在朝廷與幕府、幕府與大名之間，採取協調政策，謀求幕府的安定，但中途去世。

■井伊直弼：幕府末年的大老

井伊直弼（1815-1860）是近江彥根藩藩主井伊直中之子。1850 年繼位後，在第十三代將軍德川家定的繼嗣問題上，擁立與將軍血緣相近的紀州藩藩主德川慶福（後改稱家茂），這一派稱為紀州派或南紀派。另一派是主張限制幕府獨裁、實行強藩合議制的家門和外樣大名，他們推舉當時以英明著稱的一橋慶喜（後來稱德川慶喜），稱為一橋派。

南紀派和一橋派發生對立，1858 年井伊直弼就任大老（幕府最高官職）後，立即決定由德川慶福繼嗣；並且不待天皇同意，就簽訂了《日美友好通商條約》等條約，由此引起了尊攘運動，於是他藉著安政大獄鎮壓反對派，吉田松陰、橋本左內等八人被處死，連坐者百餘人。1860 年，對大獄反感的水戶、薩摩兩藩浪士十八人，在井伊直弼入朝理事途經櫻田門（江戶城的內城門之一）外面時，把他殺死。握有幕府實權的大老在光天化日之下被殺，標誌著幕府權力已經衰退了。

■勝海舟：實現江戶和平開城

　　勝海舟（1823-1899）是幕末明治維新時期幕臣的代表人物。通稱麟太郎，名義邦，後自稱安芳。江戶人。精通蘭學、兵學、被錄用為蕃書翻譯系，負責翻譯外文書籍，後入長崎的海軍傳習所。1860 年，指揮遣美使節的隨行艦咸臨丸橫渡太平洋。他在海軍操練中廣為培養各藩人材，雖已脫離幕府的主流派，但仍為培養幕府海軍而盡力。

　　戊辰戰爭時，勝海舟引導舊幕府方面對東征軍表示恭順，並與西鄉隆盛會見，實現江戶和平開城。會談的背景，是英國公使派克斯等為避免日本市場混亂而施加了國際壓力；關東周圍地區發生的暴動，也起了很大作用。維新後，勝海舟歷任海軍卿、樞密顧問官等職。著作甚多，有《吹塵錄》、《開國起源》、《海軍歷史》等。

■榎本武揚：幕府的海軍副總裁

榎本武揚（1836-1900），幕臣、政治家、外交家，通稱釜次郎，號梁川，他生於江戶。通曉蘭學，學識淵博。1861 年任海軍副總裁，討幕軍進入江戶城時，他拒絕交出軍艦，率領舊幕府海軍北上，在箱館五稜郭進行反抗。翌年投降，入獄三年。五稜郭是一座花菱形的土壘，現為公園。

1872 年，榎本武揚出獄後，在明治政府開拓使官員黑田清隆庇護下，盡力從事北海道的開拓工作。1874 年為海軍中將，任駐俄特命全權公使，締結《庫頁島、千島交換條約》。其後歷任海軍卿、遞信大臣（掌管通信、運輸事業）、文部大臣、樞密顧問官、外交大臣、農商務大臣等，封為子爵。在薩長藩閥政權中，他是一個具有特色的人物。著有《西伯利亞日記》、《朝鮮和南進論》。

1.2 坂本龍馬：幕末的維新志士

1. 短暫而傳奇的一生

坂本龍馬（1835-1867）是土佐藩出身的幕末志士，原名直柔，別名才谷梅太郎，生於從豪商才谷屋分出來的商人鄉士家庭。父親坂本八平直足是商人出身的武士，母親叫幸（谷氏），懷孕時夢見雲龍奔馬

在腹內飛騰，因而為兒子取名龍馬。

坂本龍馬自幼愛哭，被稱為「泣蟲」（愛哭的孩子）。他成長較遲，1846 年入町內楠山莊助之塾，不久因被同學嘲罵吵架後退學，從此不再進學校。1848 年，坂本龍馬入日根野辨治的武術場，學習小栗流派劍術，自此性格迅速產生變化，曾按照計劃冒著暴雨去練習游泳，表現得很有毅力。十六歲時，監修幡多郡的土木工程，善於組織和使用人力，因而受到好評。

坂本龍馬十九歲時到江戶，在千葉周作門下學劍術；由於受到培理至日本叩關一事的刺激，而與水戶藩攘夷論者交往。第二年回鄉，與河田小龍結婚。這時候他已立志要振興海軍和海外貿易，與近藤長次郎等結交。1859 年，坂本龍馬入土佐藩西洋炮術家德弘孝藏之門，潛心學習西洋炮術。1861 年（文久元年）加入武市瑞山倡導的土佐勤王黨，正式參與尊王攘夷運動。

1862 年，坂本龍馬因反對土佐藩的政策而脫藩。同年，在江戶入幕府軍艦奉行勝海舟門下，協助他建立幕府的神戶海軍操練所，擔任塾頭（學長）。其後幕府下令關閉海軍操練所，坂本龍馬依靠西鄉隆盛，得到薩摩藩的保護和援助，1865 年在日本最大的貿易港長崎龜山，與近藤長次郎等組織社中，亦稱龜山隊

（即貿易公司），自任社長，從事海運和貿易。

另一方面，1866年（慶應二年），坂本龍馬積極斡旋締結薩長同盟，成功團結了倒幕派。他在第二次征伐長州時的表現更為活躍，曾指揮長州藩的海軍。1867年結識後藤象二郎，脫藩之罪被赦免後，把社中改稱海援隊，擴大業務。

當時坂本龍馬正醞釀著一個統一國家的設想，史稱《船中八策》，就是促使幕府將政權交還給天皇，而由以朝廷為中心的大名會議掌握政權。後藤象二郎接納了這個主張，並說服前土佐藩藩主山內豐信（容堂），於同年10月促成幕府將軍德川慶喜交還政權給天皇。

未幾，坂本龍馬在京都與中岡慎太郎一起遭暗殺。歷史記載是這樣的：1867年11月15日夜，二人在京都近江屋討論問題時，受到幕府見迴組佐佐木唯（只）三郎等七人的偷襲，同告遇難身亡。但誰是真正的主謀，說法紛紜，包括新選組、見迴組、薩摩藩、後藤象二郎、紀州藩、伊東甲子太郎一派等，為甚麼要殺他們？是反對其政策的人呢，抑或是自己人妒忌他們？至今未能解開其中的謎團。

1891年（明治二十四年），明治政府追贈坂本龍馬正四位官位，並把他的靈位送入靖國神社供奉。日

俄戰爭時，有坂本龍馬托夢明治皇后的神話流傳；從此坂本龍馬就被奉為日本「帝國海軍的保護神」，並建造了坂本龍馬的銅像。1962 年 5 月 3 日，京都東山區圓山公園內，建立了坂本龍馬和中岡慎太郎二人的銅像。

坂本龍馬遇害時僅三十三歲，未能看到新時期的到來。死後葬於東山靈山，京都市中心立有「坂本龍馬遇害處」石碑。他一生可以分為兩個時期：（1）1835 年至 1864 年，是坂本龍馬的成長期。（2）1865 年至 1867 年，是他在政治舞台上大顯身手的成熟期。他在生時，連敵對陣營的人都推崇他；維新以後，明治政府當權派和自由民權人士都讚賞他。從日俄戰爭至第二次世界大戰期間，日本軍政界對他奉若神明；反戰的日本人，則把他引為同道。戰後以來，圍繞著他被暗殺之謎，出現了「坂本龍馬熱」，至今仍是日本人關心的話題。

美國學者詹遜（M.B. Jensen）於 1961 年出版《坂本龍馬與明治維新》一書，強調坂本龍馬對明治時期的民主化運動起了先驅和主導的作用。1980 年代，日本歷史小說家司馬遼太郎在其《龍馬奔走》中，把坂本龍馬寫成是「維新志士中具有特殊破格思想的活動家」。以坂本龍馬為主題的電影、戲劇等，多達數百

種，英雄事蹟家傳戶曉，這大概與其包羅萬象的豐富思想是分不開的。

2. 關鍵性的轉變時刻

坂本龍馬思想的關鍵性轉變，是在 1862 年 10 月，當時他與另一位尊攘派志士千葉重太郎一起，本想去刺殺開明派幕臣、提倡開國論的勝海舟。但他聽到勝海舟從容不迫地講述世界形勢和攘夷論不可行，日本只有開國和創建強大海軍，才能夠富強起來和抵禦列強進侵，坂本龍馬幡然誠服，轉而接受勝海舟的開明主張，加入他的門下，並成為他的使者。

1864 年 8 月，坂本龍馬在京都拜會薩摩藩的西鄉隆盛。同年 11 月，勝海舟被免去幕府海軍奉行職務，回家蟄居，坂本龍馬則受到薩摩藩要員小松帶刀的庇護。1865 年起，坂本龍馬往返於各藩志士之間，進行聯絡，在他的倡導下，1866 年初，終於促成薩長倒幕聯盟的建立。1867 年 6 月，又促成薩土同盟和《薩土藝三藩約定書》的締結，使薩摩、土佐、安藝三藩締結同盟書。安藝即今廣島縣，現時日文寫成「安芸」。

坂本龍馬在倡導和促進薩長同盟的過程中，一直是關鍵人物。薩摩、長州兩藩同是軍事實力最強的雄藩，但因長時間對立而夙怨頗深。當時長州藩已由高

杉晉作等奪得藩權，建立和擴大了以奇兵隊為中心的倒幕組織；薩摩藩在大久保利通和西鄉隆盛等人主持下，進行了旨在富國強兵的改革。經坂本龍馬斡旋，以薩摩藩的名義，從英國商人手中，為長州藩購入輪船一艘、槍七千三百支，由坂本龍馬的龜山社中運到長州藩；返回時，又從長州藩為薩摩藩運回急需的大量軍糧。

薩長同盟的建立，使倒幕力量突破了舊有的藩的界限，形成一個新的全國性政治派別。坂本龍馬繼續致力於倡導並促成全國倒幕派的大聯合，促成薩土同盟和締結《薩土藝三藩約定書》。為了更有力地支援倒幕力量，他將龜山社擴大改組為海援隊，與中岡慎太郎的陸援隊相配合，為倒幕派購買和運送武器、糧食物資等。

坂本龍馬的家族歷代經營釀酒業，所以很重視商業和貿易，有人批評他是「為大利」；與他不同，中岡慎太郎則是「為大義」。武士出身的倒幕派，大部分是輕視商業和貿易的；坂本龍馬和海援隊，典型地代表了激進改革派積極的海外貿易主義。兩者表現不同，而為倒幕之目的則一。

3. 歷史性的兩個「八策」

另一件矚目的事，是 1867 年 6 月 9 日至 12 日，坂本龍馬與土佐派實權人物後藤象二郎在船上商談大政奉還諸事時，於 16 日寫成著名的《船中八策》，較全面而又具體地提出改造日本的施政大綱，內容廣泛涉及政治、經濟、軍事等各個方面：（1）應將天下政權奉還朝廷，政令亦應出朝廷。（2）應設上下議政局，設議員使其參贊萬機，萬機宜決於公議。（3）應備有才之公卿諸侯及天下之人才為顧問，賜以官爵，應除原來的有名無實之官。（4）對與外國之交際，應採用廣泛之公議，重新訂立妥當之規約。（5）應折衷古來之律令，重新撰定無窮之大典。（6）應擴充海軍。（7）應建御親兵以守衛帝都。（8）應與外國訂立平衡金銀物價之法。

通過坂本龍馬的多方活動，德川慶喜終於 10 月 14 日正式向朝廷提出奉還大政，並且得到明治天皇批准。10 月 16 日，坂本龍馬起草了《新官制擬定書》；11 月間，又有《新政府綱領八策》。同時，他還與人具體地商討發行新政府紙幣及開發北海道事宜。《新政府綱領八策》的內容如下：（1）網絡天下有名之人才以備顧問。（2）選有才之諸侯用於朝廷，賜以官爵，解除現今有名無實之官。（3）議定與外國之交際。（4）撰

律令，重新選定無窮之大典。（5）設上下議政所。
（6）建陸海軍局。（7）建親兵。（8）與外國平衡皇國
今日之金銀物價。

他的這些主張，顯然是受到老師佐久間象山的
影響。

【人物群像】

■佐久間象山：坂本龍馬的老師

佐久間象山（1811-1864）是幕末著名的兵學家、洋
學家，信濃松代藩藩士，因豪邁不群，留心海防，而為
藩主真田幸貫所賞識。二十二歲時到江戶跟從幕府儒官
佐藤一齋習朱子學，視此為治國平天下的學問；隨江川
太郎左衛門學習洋式炮術，從而加深對西方的了解。熱
心治蘭學，習荷蘭語和法語，及閱讀各種翻譯西書，並
以朱子「格物窮理」的精神探討洋學。

鑑於中英鴉片戰爭的教訓，佐久間象山感受到西方
列強對日本也懷有野心，1842年上書藩主真田幸貫，提
出《海防八策》，建議於海岸要害之處建築炮台，鑄造
大炮，加強海運管理，以及造軍艦、練海軍等等。1853
年，培理率領美國軍艦到浦賀脅迫日本開國，佐久間象
山當時擔任藩軍議役，向老中阿部正弘提出《急務十
條》，內容包括訓練海軍、組大炮隊、改革軍制、振興
士氣、練大小槍等。

佐久間象山提倡「和魂洋才」，強調「東洋道德，西洋藝術」，意即東方以道德、精神為優，西方則擅長科學、技術。認為日本如欲強大，應該在東洋道德的思想基礎上，學習西洋的科學技術。他在江戶神田辦象山書院，培育了勝海舟、坂本龍馬、吉田松陰等門人，後因吉田松陰偷渡事件而受到牽連，遭受禁閉。獲釋後赴京都，主張開國論和公武合體論，被尊攘派志士刺殺，終年五十四歲。

他的主張標新立異，在當時實在不易為人所認識。自謂二十歲後，就知道匹夫與一國（藩）的關係，三十歲以後就知道與天下（國家）的關係，四十歲以後就知道與五大洲（世界）的關係。畢生為治國經綸奔走呼號，著有《省侃錄》、《炮學圖編》、《象山詩鈔》等，編為《增訂象山全集》五卷。

■中岡慎太郎：與坂本龍馬一齊遇刺

中岡慎太郎（1838-1867）是幕末著名政治家、尊王攘夷的倒幕派志士，同情人民疾苦和關心國家前途。土佐藩（今高知縣）出身，早年曾遊學江戶及巡視北方。1861年（文久元年）加入武市瑞山領導的土佐勤王黨、參加尊王攘夷運動。1863年土佐尊攘派遭鎮壓，他隨三條實美逃往長州藩（今山口縣）。次年為解除對三條實美等七公卿和長州藩主父子的處罰，努力從中斡旋。

1865年初，中岡慎太郎會見了征長軍參謀西鄉隆盛，認識到他與長州藩並無宿怨，於是與坂本龍馬等決心消除薩摩、長州兩藩之間的對立情況，促成西鄉隆盛和木戶孝允會面，協助建立兩藩的討幕軍事同盟。中岡

慎太郎於 1867 年組成陸援隊，任隊長。在幕府大政奉還後，與坂本龍馬在京都同遭暗殺。

■後藤象二郎：土佐藩出身的活動家

後藤象二郎（1838-1897），幼名保彌太，號暘谷。土佐藩士出身。曾在江戶開成所學習，及在長崎和中國上海從事海外貿易。後來成為藩政的中心人物，受坂本龍馬的影響，說服藩主山內豐信，向幕府將軍提出奉還大政的建議。

1868 年起，後藤象二郎歷任維新政府參與、參議等職，1873 年在征韓論論戰中失敗後，辭職下野。翌年組織愛國公黨，參與提出《成立民選議院建議書》。1881 年，與板垣退助織組自由黨；翌年屈服於政府的懷柔政策，與板垣退助一起出國遊歷。其費用是三井在政府指使下提供的，據說後藤象二郎是知道這筆費用的來源。1887 年，他借修改條約問題，掀起反政府的大同團結運動，但被收買。1889 年以後，歷任遞信大臣、農商務大臣。1894 年因設立交易所問題受到彈劾，被迫辭職。他很早就關注朝鮮問題，曾對朝鮮的開化派首領金玉均等進行援助。

■福岡孝弟：活躍於奉還大政運動

福岡孝弟（1835-1919），政治家。通稱藤次。土佐藩出身。原為土佐藩（今高知縣）的郡奉行，1867 年任參政，與後藤象二郎一起，活躍於奉還大政運動。任新政府的參與，參加起草《五條誓文》，從公議政體論的立場，進行潤色修改。

1870 年福岡孝弟任土佐藩權大參事，與大參事板垣退助一起，堅決實行藩政改革。後任文部大輔、司法大輔，1875 年任元老院議官；其後，歷任參議兼文部卿、參事院議長、樞密顧問官等職。

■山內豐信：幕末的土佐藩藩主

山內豐信（1827-1872），名輝衛，通稱兵庫助，號容堂。江戶幕府末期土佐藩藩主，1848 年襲封。任內實行統制商品經濟、採用西式軍備等藩政改革。1858 年，山內豐信在將軍繼嗣的爭持中，擁立一橋慶喜失敗，次年受「隱居」和「謹慎」的處分。

1860 年解除處分後，山內豐信與松平慶永等推進公武合體運動。1863 年「文久十三年八月十八日政變」（公武合體派在京都驅逐尊王攘夷派事件）後，任參議，鎮壓尊王攘夷激進派。次年因尊攘運動趨於激烈，辭任歸藩。1867 年建議德川慶喜大政奉還。其後在明治政府中歷任議定、國內事務總督等職位。

■毛利敬親：幕末的長州藩藩主

毛利敬親（1819-1871），初名猷之進，字子常，號誠齋。長州（今山口縣）藩藩主毛利齊元的長子，1837 年襲封。任內進行藩政改革，改善財政，為軍備的近代化奠定了經濟基礎。1861 年向朝廷、幕府建議航海遠略策，時屬尊王攘夷派；1863 年公武合體派發動八月十八日政變時，被禁止入京。次年 7 月禁門之變中，被剝奪官位和稱號。禁門之變是長州藩三家老舉兵進京，在蛤御門附近與會津、薩摩兩藩交戰，結果失敗，這個事件

成為第一次征伐長州藩的開端。又稱蛤御門之變。

　　1867 年 10 月，毛利敬親接受天皇討幕密敕，恢復官位；1869 年與薩摩、土佐、肥前諸藩藩主聯合奏請奉還版籍，同年任山口藩知事，其後隱退。奉還版籍是明治政府中央集權化的措施之一，各藩將土地（版）和人民（籍）的領有權歸還中央，新政權隨即任命各藩主為藩知事。此後，藩知事雖然擁有徵收租賦、統率藩兵的權力，但對土地和人民的領有權被廢除了，此舉為明治政府實現廢藩置縣邁出了重要一步。

1.3 明治天皇：開展近代式的民族國家

1. 遷都東京和實行改革

　　明治天皇（1852-1912），日本第一百二十二代天皇，1867 年至 1912 年在位。名睦仁，是孝明天皇的第二皇子，他在十六歲時繼承皇位。1868 年 3 月，發佈《五條誓文》：（1）廣興會議，萬機決於公論。（2）上下一心，大展經綸。（3）公卿與武家同心，以至於庶民，須使各遂其志，人心不倦。（4）破歷來之陋習，立基於天地之公道。（5）求知識於世界，大振皇基。這是新政權著手進行全面改革的第一個宣言，宣示了日本此後的發展方向。

同年 8 月，正式舉行天皇即位儀式；翌月，根據《易經》所說「聖人南面聽天下，向明而治」，定年號為明治，並規定一個天皇只用一個年號。11 月，明治天皇接受西鄉隆盛、岩倉具視等維新派人士的建議，遷都江戶，改名東京。江戶長期以來實際上是日本的政治中心，此舉有穩定人心的作用。同年底，立一條修美子為皇后（即其後的昭憲皇太后）。

　　明治政府遷都後大張旗鼓，實行改革，連續發出廢藩置縣、版籍奉還、地租改正（即地稅改革）、殖產興業、文明開化、富國強兵等政令，而以富國強兵為總目標。政治大權總攬於天皇一身，維新政府在此基礎上得以堅固發展。

　　1871 年，西鄉隆盛、大久保利通等人推行宮中改革，刻意培訓明治天皇，把天皇左右的舊公卿和女官減少至三分之一，而代之以村田新巴（薩摩藩）、山岡鐵太郎（舊幕府）、島義勇（佐賀）等豪傑武士為侍從，負責教授天皇學習劍術、馬術、角鬥術等，藉此養成天皇的尚武精神。

　　另一方面，先後任命平田鐵胤、加藤弘之、西村茂樹、西周、福羽美靜、副島種臣等知名學者為侍講，向天皇講授《詩經》、《史記》、《資治通鑑》、《貞觀政要》等中國典籍，及日本史籍《神皇正統記》等。

除了思想文化之外,還為天皇開設有關國際知識和德語等課程,向天皇講授德國法學、法國政治典章,介紹歐美國家的統治經驗,以《西國立志篇》、《法國政典》等啓蒙著作為教材。

1873 年,日本實行徵兵制。1878 年,日本陸軍卿山縣有朋發佈《軍人訓誡》,以武士道作為軍人精神的根本,實行軍隊教育。1881 年,天皇發佈《軍人敕諭》。至 1890 年前,陸軍已有七個師團,五萬三千餘人;海軍擁有二十三艘軍艦、十艘魚雷艇,總計五萬一千噸。號為「天皇之軍隊」,簡稱「皇軍」。

2. 加強皇權的種種措施

首先是振興神道,廢佛毀釋,以法律形式確立國家神道的地位,超然於其他宗教之上。宣揚天皇是「現人神」,「祭政一致」。神社之中,特別注重伊勢神宮和靖國神社。伊勢神宮是祭祀神武天皇的地方,地位最高;靖國神社的前身是東京招魂社,建於 1869 年,是祭祀在明治維新中戰死的天皇士兵,財政待遇僅次於伊勢神宮。1879 年,招魂社改稱靖國神社,並作為日本軍部的宗教機構,歸陸海軍兩省共同管理。第二次世界大戰結束時,靖國神社供奉的陣亡將士已超過一百二十萬人。

1870 年代末期,明治政府的第二代領導人伊藤

博文掌握了政權；與此同時，明治天皇從幕後轉到台前，開始定期親臨內閣，以參與國政。1880 年代後期，樞密院開始審議憲法草案後，明治天皇先後九十次出席會議，聽取與會者的發言，以示對立憲一事的關心和重視。1889 年制訂《大日本帝國憲法》（通稱《明治憲法》）和《皇室典範》，1890 年發佈《教育敕語》，成為近代天皇制國家的基本法律和精神支柱。

《大日本帝國憲法》賦予天皇以極大權力，強調「天皇神聖不可侵犯」。原來的皇宮在 1873 年被大火焚毀，天皇以赤阪離宮作為臨時皇宮，至 1889 年初憲法頒佈前，天皇搬進新落成的皇宮。另一件事，就是 1882 年根據岩倉具視的建議，設立皇室財產，包括土地和貨幣兩部分。

與此同時，明治政府還在國民教育方面作出相應的措施。1890 年，天皇發佈《教育敕語》，作為學校教育的根本，對規範國民道德有強制性作用。在 1891 年的《小學校令》中規定，節日應舉行向天皇、皇后照片行禮，並宣讀《教育敕語》等國家神道形式。1893 年，文部省以告示形式規定各級學校在舉行節慶祭祀儀式時，必須唱《君之代》（日本國歌），歌詞見於《古今和歌集》，內容是頌揚天皇。

表三　《大日本帝國憲法》下的統治架構

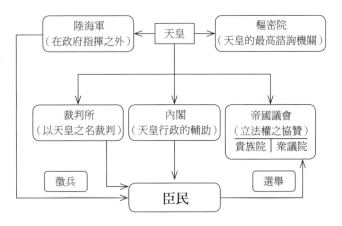

3. 明治天皇的歷史評介

隨著日本於甲午戰爭和日俄戰爭兩役的勝利，明治天皇在國內外確立了崇高的地位。日俄戰爭期間，明治天皇患上糖尿病。幾年後，於 1912 年春併發尿毒症，7 月 30 日去世，享年六十歲。京都的伏見桃山陵是他的陵墓，位於東京都澀谷區代代木的明治神宮，是祭祀明治天皇和皇后的神社。1915 年 5 月動工，1920 年建成，佔地約七十二萬平方米，每年 11 月 3 日為祭日。正殿和拜殿在第二次世界大戰期間毀於戰火，戰後重建。

明治天皇在位四十五年間，日本近代化發展迅速，走上軍國主義之路，最重大事件之一是於 1910 年吞併朝鮮，以陸軍大臣寺內正毅為首任總督，總督直

屬天皇。歷史上也有稱他為「明治大帝」的。後來，明治天皇第三位兒子嘉仁繼位，是為大正天皇，但因體弱多病，1921 年後由皇太子裕仁攝政，裕仁就是後來的昭和天皇，在日本使用的所有年號中，昭和是使用時間最長的，前後共六十四年，昭和天皇是日本歷代天皇在位最久的。

【人物群像】

■孝明天皇：明治天皇之父

孝明天皇（1831-1866），第一百二十一代天皇。名統仁，幼名熙宮，仁孝天皇第四子，1846 年至 1866 年在位。敕書幕府加強海防，始終熱心攘夷。1858 年兩度申明讓位，竭力阻撓《安政五國條約》的簽訂。

1862 年，孝明天皇聽取安藤信正等的建議，同意和宮降嫁。次年支持公武合體派發動八月十八日政變，任命德川慶喜為征夷大將軍。1866 年底患痘瘡突然病死，一說是被毒死。在位二十一年，終年三十六歲。有《孝明天皇宸記》（日記）。孝明天皇去世後倒幕派一舉得勢，翌年就有大政奉還、王政復古的大號令。

■大正天皇：明治天皇之子

大正天皇（1879-1926），第一百二十三代天皇。1912 年至 1926 年在位。明治天皇第三子，名嘉仁，號

稱明宮。1889 年立為太子，1900 年與九條節子結婚。1912 年 7 月 30 日，明治天皇逝世後，即位為天皇，改元大正。大正年號出於《易經》「大亨以正，天之道也」。1915 年在京都舉行即位大禮。因患嚴重腦病，不能理政，1921 年 11 月 25 日任命太子裕仁親王攝政。終年四十八歲，葬於多摩陵（東京都八王子市）。

大正天皇在位期間，日本乘第一次世界大戰之機，擴張在華勢力；出兵西伯利亞，干涉俄國革命；鎮壓朝鮮三一獨立運動，加強殖民統治。在國內則確立壟斷資本地位，激化社會矛盾；相繼有大正民主主義運動、米騷動的發生。1923 年關東大地震，有三百四十萬人受災，十四萬人死亡或失蹤，損失非常慘重。

■昭和天皇：日本在位最久的天皇

昭和天皇（1901-1989），第一百二十四代天皇。1926 年至 1989 年在位。大正天皇長子，幼稱迪宮。1912 年明治天皇逝世後，立為皇太子，名裕仁。1921 年 11 月起攝政，1926 年 12 月大正天皇逝世後，他即位為天皇，改元昭和。1928 年 11 月 10 日，在京都舉行即位大禮。在位前期，日本先後發動侵華戰爭和太平洋戰爭，終於戰敗，於 1945 年 8 月 15 日宣佈無條件投降。

1946 年元旦，昭和天皇公佈詔書，即《人間宣言》，否定天皇為「現人神」。同年 11 月公佈的《日本國憲法》（通稱《昭和憲法》），規定天皇為「日本國的象徵」，是「日本國民統合的象徵」。昭和後期，日本國力逐漸恢復，經濟迅速增長，成為資本主義世界僅次於美國的經濟大國。1989 年 1 月 7 日，昭和天皇去世，享年

八十七歲，葬於武藏野陵（今東京都八王子市）。

昭和年號，出於《尚書》堯典「百姓昭明，協和萬邦」。一般以日本戰敗為分水嶺，分為昭和前期、昭和後期。自幕府末年、明治維新至大正時代、昭和前期，是日本近代史的範圍；昭和後期至今，是日本現代史的範圍。

■元田永孚：長期為天皇講授儒學

元田永孚（1818-1891），儒學家、教育思想家。字子中，號東野。熊本縣人，精通經史，青年時期與橫井小楠組成熊本實學黨。後為藩吏，1869 年為藩主侍讀；次年至東京，任宣教使兼參事。1871 年入宮內省，專任侍讀，後任侍講，居天皇側近講授儒學凡二十年。

1886 年，元田永孚任宮中顧問官；1888 年，任樞密顧問官。面對西方思想大量湧入，他主張向國民灌輸儒教思想，撰寫《教學大旨》、《幼學綱要》等，盡力以儒學的忠孝仁義教化國民，確立以天皇為中心的教育事業。他深得明治天皇信任，參與起草皇室典籍和《教育敕語》。《教育敕語》頒佈於 1890 年，全國各級學校均要舉行「奉讀」儀式，並以此作為全國人民精神生活的最高準則，與《軍人敕諭》同為建立近代天皇制的兩大支柱。

第二章

外交與憲政

西鄉隆盛和岩倉具視，是明治政府第一代領導人。岩倉具視率領使節團赴歐美考察時，西鄉隆盛是留守政府的中心人物，後來圍繞著征韓論問題，演成留守派與外遊派的對立，西鄉隆盛下野，終致爆發西南戰爭。明治政府派閥之爭，既屬內政，亦與外交政策息息相關，西南戰爭標誌著一個時代的結束。

　　西南戰爭是明治初期最大規模的一次反政府士族武裝起事，主戰區鹿兒島地處日本西南部，因以為名。西鄉隆盛是倒幕維新的元勳，與大久保利通、木戶孝允並稱「維新三傑」；西鄉隆盛在西南戰爭中成為戰死的悲劇人物，全國的輿論都很同情他，其後明治政府於1899年頒佈《大日本帝國憲法》時，恢復他的名譽。

　　岩倉具視在日本近代史上，被視為一個典型的專制主義政治人物，不過他一連串的活動和措施，目的是要實現以天皇為中心的中央集權制，在明治維新的過程中，發揮了很大的作用。

　　伊藤博文是明治政府第二代中堅，他的登場標誌著近代日本憲政時代的來臨，政黨成立和興衰分合，《大日本帝國憲法》的制訂和頒佈，以及一連串戰爭的開動和對外擴張，伊藤博文都擔任了重要角色。明治末年，日本終於吞併了朝鮮，由征韓論到日韓合併，兩者是一脈相承的。

2.1 西鄉隆盛：明治維新的領導者

1. 倒幕維新的改革志士

西鄉隆盛（1827-1877），通稱吉之助，號南洲。薩摩藩出身，生於下級藩士家族。1854 年（安政元年），他受藩主島津齊彬重用，作為親信，積極從事活動。在將軍繼嗣問題上，與島津齊彬一起擁戴一橋慶喜，受幕府鎮壓，流放奄美大島。

1862 年（文久二年）解除處分後，西鄉隆盛作為尊攘派開始活動，但被島津久光再次流放。1864 年（元治元年）回藩，在禁門之變、第一次征伐長州藩時，均站在幕府方面；但在第二次征伐長州藩後，作為薩摩藩討幕運動的領導人，與長州藩共同推動討幕運動，領導王政復古和戊辰戰爭。

1871 年（明治四年），西鄉隆盛任維新政府參議，實行廢藩置縣。1873 年在征韓論論戰中失敗，因而下野。其後，以鹿兒島私學校為中心的士族推動他為首領，於 1877 年發動西南戰爭，失敗後在城山自盡。西鄉隆盛在日本人民心目中聲望很高，有關他的傳說很多。

西鄉隆盛死後十二年，即 1889 年，明治政府在頒

佈《大日本帝國憲法》時大赦，恢復西鄉隆盛的名譽，追贈他被剝奪的正三位官銜。1898 年 12 月 8 日，在東京上野公園為西鄉隆盛豎立了一座銅像。

1977 年，在西鄉隆盛逝世一百周年的時候，鹿兒島縣人共同組織了一次規模巨大的紀念活動，並在鹿兒島建造了西鄉南洲顯彰館。

上野公園的西鄉銅像，身邊帶著一隻愛犬，面向西南，耐人尋味的是，銅像穿著浴衣，很平民化，據說是明治政府刻意如此，不想他的形象過於威武。不過，鹿兒島的西鄉隆盛銅像，卻是穿著戎裝的，九州不少西鄉隆盛銅像也是如此。

2. 征韓論問題造成對立

1877 年，日本發生了一次內戰，史稱西南戰爭；叛軍首領是西鄉隆盛，鎮壓叛亂的政府中心人物是大久保利通，二人是同鄉友好，都是維新政府的功臣。但是因征韓論問題意見對立而成為西南戰爭的導火線。

1866 年，西鄉隆盛聯合長州藩的倒幕志士，結成薩長同盟的倒幕軍，在京都促成了王政復古計劃。西鄉任倒幕軍統帥，與幕府軍代表勝海舟在品川（在今東京都）會談，促成江戶無血開城，解散德川幕府，平定了會津的佐幕軍，為維新政府立下了首功。

1870 年（明治三年），西鄉隆盛任明治政府參議；太政大臣岩倉具視以征韓論為起端，逼使西鄉和其他五位持征韓論的官員辭職。此事是由於明治政府成立後，欲與朝鮮建立國交，在國書上使用「皇」、「敕」等字眼；當時朝鮮以清朝為宗主國，恐怕接受了日本的「國書」，等於承認日本是宗主國，因此予以拒絕，認為要等處理完與德川幕府的關係後才加以考慮。

其後，日本外務省派駐釜山的官員，在報告書上強調朝鮮敵視日本，板垣退助在內閣會議上提議派兵征韓，保護日本僑民安全。西鄉隆盛不表贊同，主張先派使節與朝鮮溝通，並答應自任使節，適因外務卿副島種臣出使清朝，此事便被保留下來。

在閣議上，只有西鄉一人主張出使交涉；其他人包括大隈重信、江藤新平、板垣退助、後藤象二郎等，都主張立即派兵征韓。問題是西鄉隆盛寫給坂垣的信上，提到「萬一出使朝鮮被殺，即可出兵」。被理解為以自我犧牲來引發征韓，因而認定他是個征韓論者。

此事發生在岩倉使節團出國期間，岩倉具視一行回國後，推翻閣議，停止西鄉隆盛出使，西鄉隆盛提出辭呈，其他五位參議也跟他一起提出辭呈，留守派與外遊派分裂。征韓論政變是要逼西鄉隆盛下野，

肥前、土佐兩藩出身的人都離開，政府就變成長州藩的天下。留在政府的薩摩藩人物，只有大久保利通一人，他已與長州藩走同一路線，也有意讓西鄉下野。另有一事證明西鄉隆盛不是征韓論者，政變是後來朝鮮發生江華島事件，長州藩閥政府堅持出兵，西鄉隆盛反而起來反對。1877年（明治九年），日本派出軍艦三艘，逼朝鮮簽訂《日朝修好條規》，是對朝鮮的不平等修約。為此西鄉隆盛非常憤慨，激烈批評日本政府，認為此舉是「有違天理的可恥行為」。

3. 西南戰爭的爆發和結果

西鄉隆盛下野後，回到故鄉鹿兒島，出資興辦私學校，招收士族子弟，九州西南一帶亦有慕名而來的人。他們不滿長州藩閥把持的政府，西南有如割據一方的藩國，大久保利通在維新政府中的立場非常尷尬，便派人去游說西鄉。但西鄉認為大久保利派來的人要刺殺他，因而起兵，一舉攻克了熊本。大久保傾全國之師與他作戰，任命西鄉隆盛的弟弟西鄉從道為政府軍的總指揮，一來是因他熟悉西南的地形，二來是要令西鄉隆盛無法出手；另一方面，大久保請勝海舟作說客勸西鄉，但被拒絕，因勝海舟深知西鄉隆盛為人，認為此舉無濟於事。

兩軍戰鬥達八個月，西南軍失敗，西鄉隆盛在城山自殺，全國輿論都很同情他。大久保把昔日友好逼上梁山，內心亦感難受，便找同鄉的史家重野安繹，對他說：「西鄉的心事，非我莫知。等有一天給你資料，請你寫出西鄉的傳記吧！」

翌年五月，大久保利通在東京的紀尾井坂被一個崇拜西鄉隆盛的青年暗殺，當時大久保在車上，手中正拿著他外遊時西鄉寫給他的一封信。

4. 西鄉隆盛肖像畫之謎

有名的西鄉隆盛肖像畫，是在他死後第二年（1878）聘請外國畫家繪製的。但西鄉隆盛一生拒絕拍照，不曾留下一張照片，而這位畫家又不曾見過西鄉隆盛本人，結果經由西鄉隆盛的朋輩、大藏官僚得能良介，以其弟西鄉從道、從弟大山巖二人的樣貌為根據，繪成肖像畫。

有幾點可以注意，首先是西鄉隆盛臉部的上半，與西鄉從道相似，尤其是額頭和眼眉；臉部的下半，與大山巖相似。據說西鄉隆盛蓄鬍子，肖像畫則無鬍。身穿浴衣，沒有軍人的威嚴。

但這些都無損日本人對他的敬抑，反而增添了民眾對他的親切感。民間有傳言，西鄉隆盛並沒有在西

南戰爭中死去，尚留人間，通常這是日本人對失敗英雄萌生的一種心理慰藉。後來傳言進一步神化，而有「西鄉星」之說。

1877 年 9 月 3 日，西鄉隆盛切腹自盡，晚上當火星最接近地球的時候，開始流傳「火星的紅光中見到西鄉隆盛的身影」，甚至有幾種以「西鄉星」為題材的錦繪相繼出版，例如《西南珍聞》等，頗受民眾歡迎。晚清詩人、外交官黃遵憲撰有《西鄉星歌》。

【人物群像】

■副島種臣：與西鄉隆盛一同下野

副島種臣（1828-1905），政治家，亦善書法。通稱二郎，號蒼海。肥前藩出身。父兄皆為國學家，在他們的影響下，副島種臣早年投身尊王攘夷運動，後來在長崎習英學。明治維新後任參與（制度事務局判事），起草《政體書》，後任參議、外務卿（1871-1873），策劃改琉球為日本藩屬；作為特命全權大使，前往中國交換《日中修好條規》批准書。

副島種臣與西鄉隆盛、板垣退助因主張「征韓論」而一同下野，並與板垣退助等組織愛國公黨，聯名提出《成立民選議院建議書》，但未參加自由民權運動。1876年至 1878 年在中國旅遊。後任宮內省侍講、樞密顧問官

等職，封為伯爵。1892 年（明治二十五年）第一次松方內閣時，他繼品川彌二郎之後任內務大臣，決心處理干涉選舉事件，未成而辭職，復任樞密顧問官。期間還有一事，就是 1891 年就任東洋、南洋調查團體東邦協會的會頭。

■江藤新平：致力整頓司法制度

江藤新平（1834-1874），政治家。號南白。肥前藩出身，幕末時期離藩，投入尊王攘夷運動，被藩下令永世幽禁。王政復古時獲免，任東征大總督監軍、江戶鎮台府判事；江戶開城後，他在治理方面發揮很大作用，並倡議遷都江戶。歷任文部大輔、左院副議長、司法卿等職，特別努力於整頓司法制度，在建立制度上，發揮了卓越才能。

江藤新平曾參加西鄉隆盛等的「征韓論」，失敗後辭去參議職務。又與板垣退助等一起，提出《成立民選議院建議書》。江藤新平回佐賀後，被心懷不滿的士族推舉為 1874 年（明治七年）佐賀之亂的首領，失敗後被處死。

■三條實美：明治初年的重臣

三條實美（1837-1891），公卿、政治家。生於京都公卿貴族家庭，內大臣三條實萬第四子。早年參加尊王攘夷運動，1862 年任中納言、議奏，與姊小路公知同為敕使，向第十四代將軍德川家茂傳達督促攘夷的朝命。此後與長州藩密切合作，努力實現攘夷。次年因八月十八日政變，尊攘派公卿三條實美、三條西季知、東久

世通禧、壬生基修、四條隆謌、錦小路賴德、澤宣嘉七人集體逃離京都，逃奔長州藩，史稱七卿流亡。結果他們都被褫奪官位，直至王政復古後始返京復職。

1864年第一次征伐長州藩時，因長州藩降服，三條實美移居大宰府。1867年王政復古時回京，任新政府議定；次年，任副總裁、議定兼輔相等要職。江戶開城後，任關東監察使，1871年至1885年間任太政大臣，為新政府最高官位，並兼任神祇伯、宗教長官、賞勳局總裁、修史館長官等職，封公爵。1885年廢止太政官制、實行內閣制度時，轉任內大臣。1889年黑田清隆內閣倒台時，一度兼任臨時內閣總理大臣，直至病逝。與另一位公卿岩具視擅長權術相反，三條實美屬於中間派，因此能夠長時期擔任太政大臣之職。但從另一方面說，不免有優柔寡斷之處，在征韓論論戰決裂時，他曾陷於精神錯亂狀態。

■板垣退助：日本早期的政黨領袖

板垣退助（1837-1919），自由民權運動倡導者、政治家。出生於土佐藩士家庭。早年參加倒幕運動，在1868年會津戰役中，任大隊司令和總督府參謀，對攻佔會津有功。1870年任土佐藩大參事，翌年任政府參議。1873年因提倡征韓論，在論戰中失敗後下野。

1874年，板垣退助組織愛國公黨，與後藤象二郎、江藤新平等人一起提出《成立民選議院建議書》，並展開宣傳活動。回鄉後組成立志社，主張自由民權論。1875年大阪會議後重任參議，不久又下野，成為自由民權運動的核心人物。1881年組織自由黨，是日本第一個

政黨，擔任該黨領袖。次年在岐阜遇刺負傷，不顧黨內反對，出國到歐洲各地考察。

1884年，當面臨運動日益激化時，板垣退助解散自由黨，隱居故鄉。1887年封為伯爵。1890年大同團結運動分裂後，組成愛國公黨，其後任立憲自由黨總理，將該黨改組為自由黨。1892年和1896年，先後在伊藤內閣和松方內閣中擔任內務大臣。1898年，自由黨和改進黨合併為憲政黨，板垣退助與大隈重信聯合組閣，史稱隈板內閣，大隈重信任首相兼外務大臣，板垣退助任內務大臣。

板垣退助從政的一大特色，是在明治時期著力組織政黨，常以政黨領袖身份，堅持其批判藩閥政府的立場。1900年以伊藤博文為首的立憲政友會成立時，板垣解散憲政黨，退出政界，此後近二十年間專心從事社會公共事業。有《板垣退助全集》一卷。

■大隈重信：主張東西方文明的調和

大隈重信（1838-1922），政治家，佐賀藩藩士出身。曾習過蘭學，於長崎事師富爾貝吉。在幕府末期，他是一個激進的尊王攘夷派人物。明治新政府成立後任參與，後任長崎府判事，負責審理鎮壓浦上信徒事件，頗顯才能。1870年（明治三年）任參議，其後作為開明官僚之一，致力於財政問題和創辦鐵道、電信等事業。1873年任大藏卿，反對征韓論。

出兵台灣和爆發西南戰爭時，大隈重信大力扶持負擔軍事運輸的三菱公司，以後與該公司保持密切關係。因對草擬憲法提出較進步的意見，且因北海道開拓使廉價出售

公產事件，受到孤立，於明治十四年政變時下台。翌年，組成立憲改進黨，創辦東京專門學校（早稻田大學前身）。

1888 年，大隈重信任黑田內閣外務大臣，負責修改條約；次年，遭反對妥協性條約修改方案的玄洋社社員襲擊，受傷辭職。1896 年參與籌建進步黨，並任第二次松方內閣外務大臣。1898 年聯合自由、進步兩黨，組成憲政黨，與板垣退助一起組織隈板內閣，任首相兼外務大臣。但因黨內發生對立，結果總辭職，前後僅四個月。此後，大隈重信任憲政本黨總理，採取在野黨的立場。

1910 年，大隈重信退出政界，任東京專門學校（早稻田大學前身）校長。1914 年，山本內閣因西門子事件倒台，大隈重信由於元老們的推薦，在立憲同志會的幫助下，組成第二次大隈內閣。其間日本參加第一次世界大戰，強行提出對華「二十一條」要求。此時，外務大臣加藤高明與元老的對立日益表面化，大隈重信於 1916 年改組內閣，不久總辭職。以後離開政界。著有《開國五十年史》二卷（1907）、《大隈侯昔日譚》（1922）、《東西方文明的調和》（1922）等。

大隈重信認為儘管東西方的人種不同，歷史不同，境遇不同，彼此的文明和理想也不一樣，但作為人類，東西方本來是同一的，世界上的人類必然有相通和一致的地方，研究考察東西方文明，通過考察來求得兩種文明的調和，才能實現世界人類真正的生活。書中從古代希臘和中國的宗教、藝術、科學、說到東西方的道德思想；比較了孔子與蘇格拉底、老子與柏拉圖，以及東西方教育和文明的變遷。

表四　明治時期的政黨變遷（1881-1910）

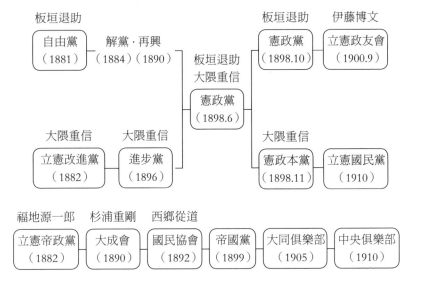

2.2 岩倉具視：新政府的重要領導人

1. 建立維新政權的經過

岩倉具視（1825-1883），出身於京都公卿貴族家庭，是中納言堀河康親之子，岩倉具慶的養子，號對岳。1854 年（安政元年）任孝明天皇侍從。1858 年，幕府老中堀田正睦入京都，要求天皇批准《日美友好通商條約》，岩倉具視聯合八十八個公卿反對，令此事失敗。後主張公武合體，勸和宮下嫁幕府將軍，被

尊攘派彈劾，列為「四奸」之一。1862 年（文久二年），岩倉具視被勒令辭官，落髮為僧，並禁止外出，幽居於京都洛北岩倉村。其間與西鄉隆盛、大久保利通等接近，逐漸傾向討幕，並與各藩志士聯繫。

1867 年（慶應三年），明治天皇即位，岩倉具視遇赦，隨即與大久保利通等進行王政復古政變，成為建立維新政權的中心人物，就任新政府的副總裁、議定、大納言等要職。他對廢藩置縣，也起了重要作用。1871 年（明治四年）為外務卿，接著任右大臣兼特命全權大使，率領政府首腦遍訪歐美各國，進行修改條約的預備談判，並考察歐美國家的制度和文化。歸國後反對征韓論，努力充實內政。1874 年 1 月 14 日，赤坂喰違之變時負傷。征韓派的高知縣士族九人在東京赤坂喰違暗殺岩倉具視失敗，全部被處斬刑。

當自由民權運動擴大發展之際，岩倉具視採取擁護天皇制的立場，令井上毅起草欽定憲法的原則，奠定明治憲法的基礎。他還為華族創辦第十五銀行，建立日本鐵道會社，及致力於士族授產事業。死後追贈太政大臣，正一位。

2. 改革派公卿的著名領袖

岩倉具視在倒幕維新運動中，是改革派公卿的

著名領袖，他所代表的政治勢力，與下級武士改革派結成牢固的政治聯盟。岩倉具視抱著內奉皇權、外拒列強的志願，投身於尊王攘夷運動；後來經過公武合體，轉而以武力討幕。他最終的信念，就是要實現王政復古，自十六歲時即立定了志向，未滿三十歲就擔任宮廷侍從。1857 年底兼任宮廷近習，從此登上最高的政治舞台。

1858 年，經岩倉具視提議，有八十八名公卿於阻止幕府簽約的諫疏上簽名，結果天皇在眾多公卿的壓力下，不授權幕府與外國簽約。在這次有名的列參運動中，三十四歲的岩倉具視一躍成為公卿貴族的領袖。

大老井伊直弼不顧朝廷和民眾的反對，擅自簽訂了許多不平等條約，激起愛國志士的反抗，於是他製造了安政大獄，亦因這一案件，導致了 1860 年他在櫻田門外被殺。事件發生後，朝廷與幕府之間，暫時處於相對均衡的狀態，而有公武合體論的興起。透過聯婚，緩和兩者的矛盾。和宮降嫁，即孝明天皇之妹下嫁幕府將軍德川家茂為妻，此事是由岩倉具視建議，並由他護送和宮到幕府。

和宮下嫁事件，引起尊攘派極度不滿，斥責岩倉具視、千種有文、久我建通、富小路敬直為「四奸」，罪名是勾結幕府、出賣朝廷。岩倉具視被迫辭去左近

衛權中將官職，剃髮蟄居京都郊外，直至 1867 年底被赦免為止。不過，這五年間他並未停止過問政事，在全國倒幕運動急劇發展的過程中，他的武力討幕思想趨於成熟，很快就成為倒幕派的重要人物，連坂本龍馬也是他的贊助者。

1867 年 11 月，岩倉具視等公卿以天皇名義發出《討幕密敕》，但消息泄露，德川幕府將計就計，向朝廷請求大政奉還。部分人士認為討幕任務已經完成，企圖結束討幕運動；岩倉具視及大久保利通、西鄉隆盛等人識破幕府的計謀，於 1868 年 1 月 3 日頒佈《王政復古大號令》。當晚在小御所會議上，決定德川慶喜辭官納地，即辭去官職和退還土地人民而不是只交還大政。

小御所會議是明治政府第一次會議，在京都皇宮內的小御所召開，參加御前會議的，有新政府總裁有栖川宮熾仁親王，議定中山忠能、山內豐信、松平慶永等，參與三條實美等；薩摩藩等五強藩各派三人列席會議，包括西鄉隆盛、大久保利通、後藤象二郎等。

3. 岩倉使節團的成員和行程

1871 年 12 月 23 日，岩倉使節團在橫濱乘坐阿美利加號，於 1872 年 1 月 15 日抵達美國，其後又到

英國、法國、比利時、荷蘭、德國、俄國、丹麥、瑞典、意大利、瑞士、葡萄牙等國家進行實地考察。行程共一年又九個月，而於 1873 年 9 月 13 日回到東京。

使節團的成員共四十八人，包括：（1）特命全權大臣：岩倉具視（從外務卿轉任右大臣）。（2）特命全權副使：木戶孝允（參議）、大久保利通（大藏卿）、伊藤博文（工部大輔）、山口尚芳（外務少輔）。（3）其他：包括書記官、理事官以下隨員。（4）隨團的留學生：五十九人（包括日本最早出國的五名女留學生）。

使節團抵達華盛頓後，與美國國務卿菲什（Hamiltion Fish）進行會談，受到挫折，使節團在美國逗留半年，至 8 月，從波士頓港離開。抵倫敦後，與英國外相格蘭維爾（G.L.Granville）會談，但英國的態度比美國還強硬，且要求更多的權益。其後，使節團會見了德意志帝國首相俾斯麥（Otto Fürst von Bismarck-Schönhausen），留下深刻印象。

總結整個行程，使節團認為日本與美國、英國、法國的狀況相差懸殊，感到望塵莫及；新興的德國和俄國，有很多地方值得日本仿效。此行耗費巨大，在外交方面收獲甚微；但開闊了政府首腦人物的眼界，對於改變他們的思想很有成效。出訪期間，木戶孝允

的部下伊藤博文轉而投向大久保利通一派，大久保利通與木戶孝允的關係因而惡化。

4. 使節團回國後的政局變化

岩倉使節團主張內政優先，重視經濟發展，以英國為榜樣，加速日本經濟的近代化。又敬慕俄國和德國顯赫的皇威，決心以普魯士的模式，結合日本國情，改革日本的政體。岩倉具視主張上定君權，下限民權，建議朝廷速定開設國會的期限，以日本國體為本，起草憲法，極力鼓吹君主專制主義。

明治十四年政變期間，岩倉具視與伊藤博文把大隈重信及其追隨者驅逐出明治政府；大隈重信於是聯合在征韓論政變中下台的板垣退助，形成政府的反對派，組織在野政黨（民黨）。

岩倉具視終身為皇室效力，與皇權結合在一起，從早年一個舊公卿，轉化為新政府的代表人物。但也由於其保守政治觀，晚年失去了政治光彩。在轉變的過程中，他對原先的華族是有所關顧的，1876年和1877年，設華族會館、華族學校（學習院）。對士族也採取一些保護政策，例如在宮內省設勸業院，幫助士族謀生；日本對外積極擴張，在一定程度上也是為士族謀出路。武士作為一個階級，在維新改革中是被

消滅了；只有少數下級武士能夠成為新政府的權貴。武士當中的上層人物，則成為華族（貴族）、軍閥、財閥和官僚，是天皇統治的重要支柱，岩倉具視在這個歷史過程中的角色是很關鍵性的。

【人物群像】

■大久保利通：明治維新三傑之一

大久保利通（1830-1878），政治家、明治維新領導人。薩摩藩下級武士家庭出身，通稱一藏，號甲東。1861 年（文久元年），他聯同西鄉隆盛進行藩政改革；後來在薩摩藩實權人物島津久光的指揮下，致力於公武合體運動。慶應年間（1865-1867），轉向討幕運動，與長州藩達成聯合，並與岩倉具視等策劃實行王政復古。

維新後，大久保利通在新政府中任參與、參議，果斷推行奉還版籍、廢藩置縣，後任大藏卿。1871 年（明治四年），作為岩倉使節團的副使，出國到歐美考察，回國後反對西鄉隆盛等的征韓論。征韓派參議下野後，大久保利通任內務卿，成為政府的中心人物，與大隈重信、伊藤博文等推進地稅改革、殖產興業政策。1874 年鎮壓佐賀之亂，同時計劃出兵台灣，以平息士族的不滿情緒。他為了應付逐漸興起的自由民權運動，在 1875 年的大阪會議上，與板垣退助達成妥協，並採取減輕地稅的辦法，扭轉農民對地稅改革的不滿。

作為一個冷靜而敏銳的政治人物，大久保利通在近代天皇制創建期大顯身手。西南戰爭翌年，被島田一郎等懷有不滿的士族暗殺。有《大久保利通日記》二卷、《大久保利通文書》十卷。

■木戶孝允：明治維新三傑之一

木戶孝允（1833-1877），政治家。長州藩出身。和田昌景之子，號松菊、木圭等。後來過繼桂家，在幕府末年稱桂小五郎，後稱準一郎，取名木戶孝允。曾拜吉田松陰為兄，從齋藤爾九郎學習劍術，向江川英龍學習西方軍事。在尊攘、討幕運動中起領導作用，與西鄉隆盛、大久保利通並稱「明治維新三傑」。

維新後參加起草《五條誓文》，歷任徵士、總裁局顧問、參議等職，是明治政府的核心人物，推進奉還版籍、廢藩置縣。1871 年（明治四年），他與岩倉具視等周遊歐美後，主張「內治優先說」，並與大久保利通一起反對西鄉隆盛的征韓論。因反對大久保利通出兵台灣的主張而下野，翌年在大阪會議達成妥協，復任參議，第一次地方官會議時任議長。西南戰爭時病逝。有《木戶孝允日記》三卷、《木戶孝允文書》八卷。

木戶孝允善於雄辯，多才多藝，長於風流韻事，其性格與大久保利通成為對比。木戶孝允之妻松子，是尊攘運動時保護他的藝妓幾松，在危難中提供膳食，並為他收集情報。維新後以松子之名，正式成為他的妻子。木戶孝允死後，她剃髮出家，號翠香院，1886 年（明治十九年）病死，葬於京都市東山區靈山的木戶孝允墓旁。

■由利公正：明治初年的理財家

由利公正（1829-1909），政治家、財政官員。福井藩出身。舊姓三岡，初稱石五郎，後通稱八郎。就學於橫井小楠，與橋本左內等一起活動，盡力於福井藩的財政改革，實行重商主義政策。他與藩主松平慶永一同登上幕末政治舞台，建議召開列藩會議。

維新時，由利公正任新政府參與、會計官知事，參預明治初期的財政金融政策，如籌集會計基金、發行太政官札等，稱為「由利財政」。曾參加起草《五條誓文》。1871年（明治四年）為東京府知事，次年中途加入岩倉使節團，1874年參加提出《成立民選議院建議書》。1875年為元老院議官，後為貴族院議員。

■久米邦武：編著《美歐回覽實記》

久米邦武（1839-1931），歷史學家、文學博士。肥前藩出身，就學於江戶昌平黌。後參與佐賀藩政改革，在弘道館任教。維新時，任大史兼神社局大辨局。1871年隨岩倉具視赴歐美考察，著有《米歐回覽實記》（即《美歐回覽實記》），全百卷，共五冊，於1878年出版。曾在修史館編修《大日本編年史》，致力於史料編纂。

1888年，久米邦武任東京大學教授，注意以歐洲近代的史學方法研究日本歷史，是日本近代實證學派的先驅者。1891年在《史學會雜誌》上發表了題為〈神道乃祭天舊俗〉的論文，認為神道不是宗教，是中國祭天古俗之一，遭受神道家和國學者攻擊，於第二年被解除官職。後在東京專門學校（早稻田大學前身）講授古文獻學和日本古代史，並協助大隈重信編纂《開國五十年

史》。他是修史館學派代表人物之一，著有《日本古代史與神道的關係》、《大日本時代史（古代）》、《國史八面觀》、《聖德太子實錄》及《古文書學講義》等，奠定日本古文書學的基礎。

■成島柳北：在巴黎遇見使團的記者

成島柳北（1837-1884），漢詩人、隨筆家、新聞記者。名惟弘，字保民等。江戶人。十七歲時繼承作為將軍家侍讀的儒者成島家，長於詩文，成為江戶幕府第十四代將軍德川家茂的侍講，修訂《德川實紀》和《後鑑》。後向柳河春三、神田孝平習洋學。幕府末期，歷任外國奉行、會計副總裁等職；維新後，未在新政府任職。

1872 年（明治五年），成島柳北漫遊歐美，在巴黎遇上岩倉具視使節團，同行參觀，並與岩倉具視等人交談。1874 年任《朝野新聞》社長，主張自由民權，攻擊明治政府。著有《柳橋新誌》，諷刺開化的社會現象。

■津田梅子：日本首批女留學生之一

津田梅子（1864-1929），女教育家。生於江戶，是佐賀藩士、農學家津田仙的次女。1871 年八歲時，隨岩倉使節團出國赴美，是首批五個女子留學生之一，在美國接受初等及中等教育。1873 年，洗禮成為基督教徒。

1882 年津田梅子回國後，任華族女學校教授。1889 年至 1892 年，她再次赴美國，學習生物和教育學，回國後復任華族女學校教授兼女子高等師範學校教授。1900 年辭職，為了普及以英語和近代文化為中心的女子教育

工作，創設私立女子英學塾（即津田塾大學的前身），並任塾長。強調提高女性的修養，進而達到經濟自主的必要性。其個別教育的辦學方針，至今仍被採用。

2.3 伊藤博文：確立明治憲法體制

1. 明治中期政府的最高領導人

伊藤博文（1841-1909），藩閥政治家。幼名俊輔，號春畝。長州藩藩士，就學於松下村塾，跟隨高杉晉作、木戶孝允參加尊王攘夷運動。1863 年（文久三年）赴英國，聽到四國艦隊炮擊下關事件後，回國參加媾和活動。後來加入討幕運動，對建立維新政府有所貢獻。

1871 年（明治四年），伊藤博文作為岩倉具視遣外使節團的副使，前往歐美考察，回國後反對西鄉隆盛等的征韓論。不久任參議兼工部卿，大久保利通去世後，伊藤博文任內務卿，從此鞏固了他在政府中的地位。明治十四年政變時，把政敵大隈重信趕出政府，成為政府中的最高領導人。1882 年赴歐美考察，學習普魯士憲法。回國後致力於確立明治憲法體制，

創建華族制度、內閣制度，設立樞密院，制定《大日本帝國憲法》和《皇室典範》等。

1885 年，伊藤博文任第一屆總理大臣和樞密院議長，後曾三度組閣。1900 年組成立憲政友會，任總裁。1903 年任樞密院議長，以元老身份指導日俄戰爭；戰後任第一任韓國統監，積極推行吞併朝鮮的政策。1909 年，伊藤博文赴中國東北視察並調整日俄關係，在哈爾濱車站被朝鮮青年安重根射殺，終年六十九歲。

2. 日本第一任內閣首相

伊藤博文是日本首任內閣首相，先後四次組閣，執政七年，還擔任首任樞密院議長、首任貴族院議長、首任韓國統監、立憲政友會首任總裁。

他早年學習漢學，擅長書法，喜愛詩賦，在倒幕運動期間學會了英語；喜歡讀歷史，尤愛讀拿破侖傳記。好酒，有「醒談天下事，醉臥美人膝」的名句。

1881 年，政界最有實力的人物是伊藤博文和大隈重信，明治十四年政變之後，伊藤博文成為政界頭號實權人物。1882 年，率領政府代表團赴歐洲考察憲法，認為德國立憲政體最可取，決心以德國憲法為藍本制定帝國憲法。

1885 年底，伊藤博文就任內閣首相，推行歐化主義，但其鹿鳴館外交招致猛烈批評；加上鎮壓民主運動的政策，致使伊藤辭掉首相職位，就任樞官密院議長，又主持審定了憲法。1880 年代末至 1890 年代初，日本的大陸政策已形成，中日甲午戰爭後，伊藤博文以日本全權代表身份強逼清朝簽訂《馬關條約》。三國干涉逼日本還遼事件後，日本採取對三國讓步的方針，另一方面則制定了戰後經營計劃，實行擴軍備戰。現役軍人由七萬人增加到十五萬人，艦艇總噸位由六點二萬噸增加到二十六點四萬噸；為解決軍用鋼材自給，建立了八幡製鐵所，十年後正式投產，生產鋼鐵長期佔國內總產量一半以上。

1900 年，伊藤博文巡遊日本各地，發表了二十八次演講，闡述他的舉國一致主義和建黨宗旨。同年立憲政友會宣佈成立，伊藤博文任總裁，有會員一百萬人，成為勢力最大的保守政黨。

日俄戰爭結束後，伊藤博文自薦出任韓國統監，1909 年 10 月卸任，在哈爾濱車站被刺殺。他的一生，日本人有不同的評價。

內閣及任期 職位	第一次伊藤內閣 （1885.12-1888.4）	黑田內閣 （1888.4-1889.10）	第一次山縣內閣 （1889.12-1891.5）
總理大臣	伊藤博文	黑田清隆	山縣有朋
外務大臣	井上馨	大隈重信	青木周藏
內務大臣	山縣有朋	山縣有朋	山縣有朋
大藏大臣	松方正義	松方正義	松方正義
陸軍大臣	大山巖	大山巖	大山巖
海軍大臣	西鄉從道	西鄉從道	西鄉從道
司法大臣	山田顯義	山田顯義	山田顯義
文部大臣	森有禮	森有禮	榎本武揚
農商務大臣	谷干城	榎本武揚	岩村通俊
遞信大臣	榎本武揚	榎本武揚	後藤象二郎

【人物群像】

■吉田松陰：伊藤博文的老師

　　吉田松陰（1830-1859），幕末思想家、尊王論者。杉常道的次子，通稱寅次郎，又名二十一回猛士，號松陰。長州藩出身。他是叔父吉田家的養子，繼承山鹿（素行）派兵學的家學，得藩主許可，遊學長崎、江戶等地，因企圖脫藩，獲罪禁閉。後再去江戶，拜佐久間象山為師。

　　1854年培理再到浦賀港時，吉田松陰企圖偷渡出國未成，被投入長州藩藩萩的野山監獄。翌年出獄後，接辦叔父玉木文之進的私塾松下村塾，成為長州藩尊王討

幕派的一個據點，培養了高杉晉作、久坂玄瑞、伊藤博文等很多尊王攘夷運動的領導人，他們都對明治維新有很大的貢獻。吉田松陰反對幕府與美、荷、俄、英、法五國簽訂的《安政五國條約》，倡導攘夷，再度下獄，安政大獄時在江戶傳馬町牢房被處死。在獄中著《留魂錄》。

■井上馨：與伊藤博文一起留學英國

井上馨（1835-1915），長州藩下級武士出身，是具有代表性的藩閥政治家。志道家的養子，改名聞多，後重回井上家。曾學蘭學、英學及炮術等，幕府末期參加尊王攘夷運動。1862年與高杉晉作等結成御楯組，參與焚燒品川英國使館。1863年（文久三年），他與伊藤博文一起留學英國，得知四國艦隊炮擊下關事件後，立即回國，致力調停講和工作，其後積極參加討幕維新運動，任新政府參與。1871年（明治四年）任大藏大輔，推行地稅改革和秩祿處理。1873年，井上馨批判政府的財政危機，辭職後進入實業界，興辦先收會社（後為三井產物公司），進行海外貿易。

1875年井上馨促成大阪會議，後重返政府，1878年任參議兼工部卿，翌年任外務卿。實行內閣制度後，1885年至1888年任第一次伊藤博文內閣的外務大臣，推行極端的歐化主義政策，企圖實現修改不平等條約。因提出任用外國法官等，受到猛烈抨擊，於1887年被迫辭職。以後歷任農商務大臣、內務大臣、大藏大臣等。日俄戰爭時，以元老身份指導戰時財政，參與國家重要政策的決定。封伯爵，後為侯爵。他還充任三井等財閥的

顧問，在財界有很大的發言權，被稱為「三井的掌櫃」。井上馨與伊藤博文是終生盟友。

■井上毅：從事教育體制改革

井上毅（1843-1895），官僚、政治家。熊本藩下級武士出身。幼名久仁馬，號梧蔭。生於飯田家，後為井上家養子。1868年戊辰戰爭時參軍，1870年進司法省。1872年隨司法卿江藤新平到法、德兩國考察，次年回國後，受大久保利通等重用，參加在北京舉行的中日談判。曾任內務大書記官、太政官大書記官，1881年任參事院議官，暗中參與明治十四年政變。

1888年，井上毅任法制局長官，協助伊藤博文起草《大日本帝國憲法》、《皇室典範》，參與起草《教育敕語》等法令。同年任樞密書記長官，後任臨時帝國議會時務局總裁、樞密顧問官。1893年任第二次伊藤內閣的文部大臣，從事實業教育，改革教育體制。著譯書籍有《王國建國法》、《梧蔭存稿》等。

■黑田清隆：藩閥政治家的代表

黑田清隆（1840-1900），政治家。薩摩藩出身。曾參加薩英戰爭和討幕運動，為建立薩長聯盟而出力。在戊辰戰爭特別是在五稜郭戰役中，立過戰功。後任兵部大臣，1870年（明治三年）任開拓使次官，1875年升任長官，負責開發北海道。在凱普倫的指導下，引進新的農耕技術，採用屯田年制等。同年派赴朝鮮，處理江華島事件，1876年締結《日朝修好條規》。

1877年西南戰爭時，黑田清隆任征討參軍，相當

活躍。1881 年，因開拓使廉價出售公產事件，受到輿論攻擊；翌年撤銷開拓使，轉任內閣顧問。1888 年組織內閣，次年 10 月辭職。其後，歷任第二次伊藤內閣遞信大臣、樞密院議長等職，作為元老之一，參與制定重大政策。

■星亨：立憲政友會創立人之一

星亨（1850-1901），東京人。幕末時學習英語，明治初年任英文教師，深得陸奧宗光的賞識。曾任橫濱關稅長。1874 年至 1877 年留學英國，攻讀法律學，回國後當律師。1882 年參加自由黨，多次在機關報《自由之燈》、《自由新聞》上發表文章，抨擊明治藩閥及三菱財閥。因侮辱官吏罪和秘密出版事件，兩次入獄。

1889 年出獄後，星亨遊歷歐美；1892 年至 1893 年，當選為眾議院議長。1895 年任韓國法律顧問，後又任駐美國公使。他曾促使憲政黨分裂，1900 年與伊藤博文等創立立憲政友會，在第四次伊藤內閣任遞信大臣，後任東京市參事會議長，與反對派鬥爭，不久被暗殺。

■小村壽太郎：擴張政策的官僚

小村壽太郎（1855-1911），外交官。飫肥藩（今宮崎縣）出身。1871 年進開成學校，後留學美國哈佛大學，1880 年回國後，任駐中國代理公使，負責與清政府交涉事務。1895 年任駐韓公使，負責處理暗殺閔妃事件；次年與沙俄締結關於朝鮮問題的《小村－維伯協定》。

1898 年，小村壽太郎任駐美公使；1900 年，任駐俄

公使。次年，任第一次桂內閣外務大臣，積極推行侵略大陸的政策。八國聯軍侵華事件後，抗議沙俄佔領中國東北。1902 年締結《英日同盟》，使日本與俄國之間的矛盾加深。

1904 年至 1905 年日俄戰爭期間，小村壽太郎負責戰時外交，任樸茨茅斯會議全權代表，與俄國簽訂《樸茨茅斯和約》，並赴北京逼使清政府承認該條約。1908 年任第二次桂內閣外務大臣，締結第二次《日俄協約》，強行吞併朝鮮及推進修改不平等條約等，始終帶頭推行日本的侵略擴張政策。1911 年實現恢復關稅自主權，同年封為侯爵。

小村壽太郎個子矮小瘦弱，綽號「鼠公使」。他一生的外交活動，多與中國有關。1893 年主張對中國發動武裝侵略，並搜集了大量情報。次年 8 月 1 日，日本對中國宣戰後，他關閉了使館，下旗回國。9 月 12 日隨軍由仁川登陸，然後向朝鮮北部進犯；10 月 25 日，日軍在遼東設立軍管民政廳時，他充任長官。義和團事件爆發時，小村壽太郎擔任駐華全權公使。1901 年，代表日本政府簽訂《辛丑條約》。1905 年底，與清政府簽訂《中日會議東三省事宜條約》。

第三章

啟蒙與開化

明治初年積極的文明開化政策，促使 1873 年（明治六年）明六社的成立，一班啟蒙思想家集結起來，共同致力於從文化方面達成此一任務。發起人是森有禮，他認為日本學者平素孤立，缺少集體活動，實有結成西方式學社的必要。結果在西村茂樹的努力下，得到加藤弘之、西周、中村正直、福澤諭吉等人的支援，1874 年起創辦《明六雜誌》，並且每月召開兩次例會和舉行公開演講等。

　　明六社同人分別從哲學、政治、經濟、歷史、科學等多個角度，介紹有關近代社會的理論，他們或譯述外國著作，或發表關於日本國情的見解。其中影響最大的是福澤諭吉，他在明治初年居於「國民教師」的地位，出版了《勸學篇》和《文明論之概略》等書籍，又提倡脫亞論，強調日本要「脫亞入歐」。

　　在眾多的亞洲理論中，以岡倉天心的「亞洲一體」最為獨特，他指出亞洲的多元性其實具有一體性和連帶性的關係，在艱苦的環境下，必須恢復及擁護亞洲本身所具備的精神和理想。岡倉天心的主要著作《東洋之理想》、《日本之覺醒》等，表達了他在這方面的論點。

　　在日本走向近代化的過程中，文學的步伐是比較緩慢的，坪內逍遙以其寫實主義文學論《小說神髓》，為過渡期的日本文學指出邁進方向。二葉亭四迷發表

《小說總論》加以響應，他的連載小說《浮雲》率先使用「言文一致」的新文體撰寫。離開文壇主流而開創獨特風格的作家，則有森鷗外和夏目漱石，森鷗外的作品表現了明治時代人們嚮往合乎理性的新生活，但又無法擺脫嚴峻的社會現實；夏目漱石是明治後期的大文豪，在他的作品中，對當時日本社會的虛偽和醜惡，予以辛辣的諷刺。

表六　明治前期日常生活中的新事物

年份	衣著、飲食、居住	交通、通信	其他
1869 年 （明治二年）	理髮店	發明人力車、引入電信	
1870 年 （明治三年）	開始製造靴、穿著洋服、用布傘	使用腳踏車	發行日報《橫濱每日新聞》
1871 年 （明治四年）	《散髮脫刀令》、西洋料理店開始營業	郵政事業開業	
1872 年 （明治五年）	戴帽子、飲啤酒開始流行	鐵路敷設和開業（新橋至橫濱）	使用煤氣燈（橫濱）、棒球開始、用太陽曆
1873 年 （明治六年）	開始販賣捲煙		開始暑期休假
1876 年 （明治九年）	《廢刀令》		星期日休息制
1877 年 （明治十年）		引入電話	
1882 年 （明治十五年）		鐵路馬車開業（新橋至日本橋）	
1887 年 （明治二十年）	開始使用電燈		

3.1 福澤諭吉：「脫亞入歐」的國民教師

1. 福澤諭吉生平事略

福澤諭吉（1835-1901），啟蒙思想家。中津藩出身，曾在大阪緒方塾學蘭學，1858 年（安政五年）在江戶開設蘭學塾，同時自學英語。1860 年（萬延元年），1861 年至 1862 年（文久元年、二年）及 1867 年（慶應三年），三次隨同幕府遣外使節前往歐美，學習歐美文化；同一時期，出仕幕府，任翻譯官。維新後辭退家祿，不應新政府的招聘，專心致志通過教育和言論，進行啟蒙運動。1868 年（明治元年）定塾名為慶應義塾，努力培養人才，並參加 1873 年（明治六年）創辦的明六社，開展活動。

福澤諭吉在英國功利主義的影響下，主張個人及國家獨立自尊，以及尊重社會的切實利益，但對自由民權運動持批評立場。1882 年（明治十五年）創辦《時事新報》，主張官民調和，後來逐漸強調伸張國權，響應政府的大陸政策，還支援過朝鮮的開化派人士金玉均。著有《西洋情況》、《勸學篇》、《文明論之概略》、《福翁百話》、《福澤諭吉自傳》等。有《福譯諭吉全集》二十一卷。

《福澤諭吉自傳》日文原著稱為《福翁自傳》，是作者根據他自己口述的速記稿加工整理出來的，反映了福澤諭吉一生的經歷和思想變化情況，是研究福澤諭吉的第一手資料。全書分為十五章，前五章依次為〈少年時代〉、〈長崎遊學〉、〈在大阪進修〉，〈緒方學塾的塾風〉和〈離大阪去江戶〉；第六至九章是〈初次渡美〉；第十章〈王政維新〉述幕末明治初年的經歷，輔以〈擔心暗殺〉和〈雜記〉兩章的記事；第十三章述〈一身一家的經濟來源〉，第十四章記〈品行家風〉；第十五章〈晚年生活〉說明他不願做官的原因，而願做獨立的榜樣。

2. 福譯諭吉的代表作

福譯諭吉著《西洋事情》，1866 年刊行初版，作者根據他兩次出國耳聞目睹的事情，撰寫而成此書，內容由初編、二編、外編三部分組成，主要介紹西方的歷史、政治、經濟、軍事等各方面的情況，在當時的日本是很有啟蒙意義的，維新政府官員亦以此作為認識外國的參考讀物。在福譯諭吉的眾多著譯中，《西洋事情》是最為流行的一種。

《福譯諭吉全集》〈緒言〉說：「而從事維新的有志之輩，斷事大膽、活潑，但相對之下，知識非

常淺薄。……他們以一片武士道精神而重報國之大義。……他們不惜棄舊，勇於納新，變遷通達，自由自在地進行一切活動，這就是他們所具有的一種作風。也是淺薄的《西洋事情》能夠一時受到歡迎的原因。」

《勸學篇》共十七編，由 1872 年至 1876 年，各印二十萬部，全數共三百四十萬部。內容首先發揮人類與生俱來平等自由之說，肯定人民是國家的主人，號召日本人民捨身為國，使日本文明趕上先進國家。他勉勵學者不要獨善其身，要興辦事業造福世人；強調先進的學問，是實用的、實證的實學。

《文明論之概略》，1875 年出版，共十章，詳論古代以來東西方文明的發展情況，指出文明社會的發展方向，強調日本學習西方先進文明，爭取民族獨立的重要性。

福譯諭吉的著作，有群力譯《勸學篇》，北京編譯社譯《文明論概略》（中譯本沒有「之」字），北京商務印書館於 1958 年、1959 年出版；馬斌譯《福澤諭吉自傳》，北京商務印書館於 1980 年出版。小泉信三在此書〈解題〉中指出：「《自傳》在敘述福澤自己的一生之同時，對福澤生活的時代也講了許多有關的情況。」

3.〈脫亞論〉及其他

福澤諭吉最為人所熟知的言論，是 1881 年在報章上發表〈脫亞論〉，意圖把日本維新的意義，集約於「脫亞」二字。他認為日本的國土雖然是在亞洲的東邊，而其國民精神已脫離亞洲之固陋，而移於西方之文明，因而主張日本要「脫亞入歐」，與歐美列強一起瓜分中國和朝鮮，進而稱霸亞洲和世界。

中日甲午戰爭時，福澤諭吉奔走呼號，聲援日本的侵略戰爭，並且為明治政府募捐。他此時的思想基調，已經演變為民族擴張主義了。他大力提倡英國經驗學派的功利主義，對日本造成巨大影響，二十世紀初，日本與英國為了對付俄國在東方的擴張，三次締結《英日同盟》，第一次在 1902 年，第二次在 1905 年，第三次在 1911 年。直至 1920 年代初，在美國壓力下，這軍事同盟才宣告終止，而為 1921 年底簽訂的《英美日關於太平洋各島領屬條約》所代替。

作為明治日本的「國民教師」，福澤諭吉的著作約有六十種之多，大致可以分為三個階段：(1) 前期以《增訂華英通語》、《西洋事情》為代表，主要在於介紹西方知識和事物。(2) 中期以《勸學篇》和《文明論之概略》為代表，集中闡揚他的啟蒙思想和文明理論，《丁醜公論》、《民情一新》、《時事小言》等，

大抵都屬這類。（3）後期寫成的《帝室論》、《尊王論》、《女大學評論‧新女大學》等，主張便顯得保守了。

表七　明治初期主要啟蒙書籍

人名	書名	年份
福澤諭吉	《西洋事情》	1866 年（慶應二年）
	《世界國盡》	1869 年（明治二年）
	《勸學篇》	1872 年（明治五年）
	《文明論之概略》	1875 年（明治八年）
	《通俗民權論》	1878 年（明治十一年）
津田真道	《泰西國法論》	1868 年（明治元年）
中村正直	《西國立志編》	1871 年（明治四年）
	《自由之理》	1872 年（明治五年）
加藤弘之	《真政大意》	1870 年（明治三年）
	《國體新論》	1875 年（明治八年）
	《人權新說》	1882 年（明治十五年）
中江兆民	《民約譯解》	1882 年（明治十五年）
田口卯吉	《日本開化小史》	1877 年（明治十年）
植木枝盛	《民權自由論》	1879 年（明治十二年）
馬場辰豬	《天賦人權論》	1883 年（明治十六年）

【人物群像】

■西村茂樹：國粹主義的先驅者

西村茂樹（1828-1902），思想家和教育家。名鼎，通稱太平太郎，號泊翁。佐倉藩藩士出身。少年時代學習儒學和洋學，安政年間參與藩政。明治維新後開辦私塾。1873 年參加創建明六社，同年進文部省，負責教科書、辭書的編纂工作；並任天皇作侍講，進講洋學。

1876 年，西村茂樹創辦東京修身學社；1887 年，擴大為日本弘道會。1890 年，敕任貴族院議員。他很重視教育，主張振興國民道德。著作有《泰西史鑑》、《日本道德論》等。

■西周：翻譯《萬國公法》

西周（1829-1897），思想家。津和野藩醫之子，通稱經太郎，後改名壽專、周助、周，號天根、鹿城。因立志於西學而脫藩，出仕於蕃書調所。1862 年（文久二年）受幕府之命，與津田真道等一起赴荷蘭留學，在費塞林指導下學習法律、經濟、哲學，回國後任教於開成所。奉還大政前後，任江戶幕府第十五代將軍德川慶喜的政治顧問，曾制定以德川慶喜為中心的政權方案。維新後入兵部省，負責建立近代軍制，歷任陸軍省、文部省、內務省官僚，曾參與起草《軍人訓誡》、《軍人敕諭》。後任東京學士會院首屆會員、元老院議官、貴族院議員。

在孔德、密爾的影響下，西周致力於介紹歐洲近代學問和思想，1873 年（明治六年）以後加入明六社，進

行啟蒙活動。著有《致知啟蒙》、《百一新論》，譯有《萬國公法》、《心理學》等。

■津田真道：率先介紹西洋法律

津田真道（1829-1903），官僚、法學家。通稱真一。津山藩出身，在江戶向箕作阮甫、佐久間象山等學西學。任蕃書調所教官，受幕府之命留學荷蘭，向費塞林學習法律學、經濟學。他回國後，將聽課筆記出版成書，取名《泰西國法論》，是日本第一部有關西洋法律的書。

維新後，津田真道歷任徵士、刑法官等。1871年（明治四年）兼任外務權大丞，締結《日清修好條規》時，任特命全權副使。作為明六社同人，津田真道曾致力於啟蒙運動，有條件地贊成《成立民選議院建議書》。後在陸軍省任職，以後又任元老院議官、學士院會員，第一屆議會眾議院副議長，及貴族院議員等職。曾從事《陸軍刑法》、《新律綱領》及《民法》的編纂工作。

■中村正直：翻譯《西國立志編》

中村正直（1832-1891），教育者、啟蒙家。號敬予，江戶人。就學於昌平坂學問所，兼修漢學及洋學。後任幕府儒官。1866年至1868年留學英國。明治維新時回國，任靜岡學問所教授。

1871年及1872年間，中村正直翻譯出版了《西國立志編》和《自由之理》，宣傳自由民權思想。1873年創辦私塾同人社，同年參加明六社，1875年開設訓盲啞院。後任東京帝國大學教授、元老院議官、貴族院敕選

議員等。曾兼女子高等師範學校校長。

■加藤弘之：明治國家思想的先驅

加藤弘之（1836-1916），法學家。初名弘藏。但馬（今兵庫縣）出石藩出身，就學於佐久間象山，入蕃書調所，被錄用為幕臣。後研究德語，著《鄰草》、《立憲政體略》，介紹立憲政體。維新後，出仕明治政府，著《真政大意》，主張天賦民權說。但他反對板垣退助等提出的成立民選議會建議，認為為時尚早。

加藤弘之後來接受英國哲學家、社會學家斯賓賽（Herbert Spencer）的社會進化論，1882 年（明治十五年）決定不再出版以前的著作，另著《人權新說》，與民權論對立。1877 年後，歷任東京大學總理、總長，貴族院議員，樞密顧問官，帝國學士院院長等職，成為官學的中心人物。

《人權新說》於 1882 年出版，以英國博物學家達爾文（Charles Robert Darwin）的進化論觀點，否認「天賦人權說」，主張國家利益優先，強調真正的權利，必須靠優秀的知識、精神和財產作為保障，充分體現了明治初期的國權論思想。

自 1884 年日本哲學會創立後，加藤弘之擔任會長凡三十餘年。他一生的思想過程，從主張天賦人權論到進化論，從啟蒙主義到自然觀上的唯物主義、社會觀上的社會達爾文主義，以及政治上的國家主義。1912 年他七十七歲時，寫成《自然與倫理》，總結其畢生思想，以及他對哲學、自然科學、社會科學等學問的看法。

■森有禮：提倡新婚姻觀念

森有禮（1847-1889），教育家。薩摩（今鹿兒島縣）藩藩士出身。早年留學英美，1868 年回國，曾因提倡廢刀論而被免官。1870 年出任駐美公使期間，考察美國的教育制度。後來任駐華公使、駐英公使、外務大輔等。

1873 年，森有禮發起創立明六社，致力於國家的文明開化，提倡男女平等和契約婚姻。著《妻妾論》指責封建的女性觀和舊妾制度；論述夫婦間對等的權利和義務，並提出保障這種關係的婚姻法。他還率先舉行契約結婚，在證書上寫明夫婦相敬相愛，互守貞操，財產共有等等。不過，森有禮與妻子阿常的婚姻，實際上並不美滿，後來終於以離婚收場。

1885 年，森有禮任伊藤內閣的文部大臣，公佈《帝國大學令》以下的學校令，實行學制改革，提出國家主義教育方針，重視師範教育，在學校強制實施軍事體操。1889 年 2 月被刺身亡。

順帶一提，森有禮離婚後翌年，即 1876 年，與岩倉具視五女寬子再婚。在《大日本帝國憲法》發佈當日，森有禮遇刺受傷，原因是他冒瀆了伊勢神宮，翌日去世。有《森有禮全集》三卷，1972 年出版。

表八　明治時期成立的高等教育學校

性質	成立年份	創立時名稱	現時校名	地點
官立學校	1877	東京大學	東京大學	東京
	1881	東京高等工業學校	東京工業大學	東京
	1897	京都帝國大學	京都大學	京都
	1907	東北帝國大學	東北大學	仙台
	1910	九州帝國大學	九州大學	福岡
私立學校	1868	慶應義塾	慶應義塾大學	東京
	1874	聖公會立教學校	立教大學	東京
	1875	同志社英學校	同志社大學	京都
	1880	東京法學社	法政大學	東京
	1880	專修學校	專修大學	東京
	1881	明治法律學校	明治大學	東京
	1882	東京專門學校	早稻田大學	東京
	1882	神宮皇學院	皇學館大學	伊勢
	1885	英吉利法律學校	中央大學	東京
	1886	關西法律學校	關西大學	大阪
	1887	哲學院	東洋大學	東京
	1889	日本法律學校	日本大學	東京
	1900	國學院	國學院大學	東京
	1900	女子英學院	津田塾大學	東京
	1900	京都法政專門學校	立命館大學	京都

3.2 岡倉天心：倡導「亞洲一體」

1. 東京美術學校首任校長

岡倉天心（1862-1913），原名覺三，生於橫濱。十一歲入東京外國語學校。1875 年入東京開成學校，對日本美術發生興趣。1880 年畢業，入文部省擔當美術行政工作，從事古代美術和古寺廟的調查、保護。受美國學者費諾羅薩（Ernest Francisco Fenollsa）的影響，對西方近代美術有評價過低的傾向。

1889 年東京美術學校成立，次年文部省任命岡倉天心為首任校長，主講日本美術史。他採取排斥西洋畫、復興國粹的教育方針，由於教授間發生糾紛，因而辭去校長職務，與橋本雅邦、狩獵芳崖、橫山大觀、下村觀山等於 1898 年創辦日本美術院，致力復興國粹和日本畫的近代化。從此，日本畫運動和美術西洋化運動，大抵是在互相對立的指導原則下開展的。

1901 年，岡倉天心遊歷印度，結識了印度哲人泰戈爾（Dwarkanath Tagore），受其民族主義思想影響，發表了三部以英文撰寫的論著。1904 年至 1913 年間，岡倉天心任美國波士頓美術館東方部部長，致力介紹日本美術和文化，來往於日本、美國之間，協

助該館東方部充實和整頓收藏，致使人們懷疑他把日本和中國古代美術作品運出國外。

2. 創辦日本美術院

岡倉天心年輕時，有一件事是很富戲劇性的。他在東京帝國大學修習政治學和理財學，畢業論文的題目是「國家論」。學生時代的岡倉天心已經結婚，論文快將完成的時候，他與妻子吵架，妻子一怒之下，竟把他的論文燒掉了。岡倉天心在情急之際，匆匆忙忙以一星期時間，完成了一篇〈美術論〉提交學校了事。

岡倉天心二十七歲當上東京美術學校校長，其後擔任第三回內國勸業博覽會審查官、帝國博物館美術部長，主辦日本青年繪畫協會，影響力由農商務省及於宮內省。創辦日本美術院後的一段日子，一生的事業達於巔峰。

這個在野的日本畫團體，舉辦了主要會員的作品展覽會，革新的創作備受注意，但也得到朦朧派的批評。數年後即陷於不振的境況，遷至茨城縣五蒲。此前岡倉天心的帶領，一度成為日本美術院復興的契機。橫山大觀、下村觀山等人繼續活躍於畫壇，舉辦展覽會，簡稱院展，與官方的文展形成對立。

文展是文部省美術展覽會的簡稱，1907 年由政

府的文部省創設，作為推舉新人的舞台，在當時日本的美術界產生較大影響。日本畫的新派、舊派，還有西洋畫、雕刻等近代美術，其初在這個官展中共冶一爐，新舊團體、學者和批評家都有參與，各展所長，從而激化了新舊的對立。岡倉天心去世後，他這一派的日本畫頓失支柱，在文展中的地位大不如前，院展就成為在野畫家表演的場地了。

3. 岡倉天心的英文著作

岡倉天心出版了三本英文書。首先是 *The Ideal of the East,with Special Reference to the Art of Japan* 於 1903 年在倫敦出版，日文本題為《東洋之理想》。書中通過日本美術的歷史，指出亞洲的多樣性其實具有一體性和連帶性的關係，強調在悲慘的現狀中，必須恢復及擁護亞洲本身所具備的精神和理想。

第二種著作是 *The Awaking of Japan* 於 1904 年在紐約出版。日文本題為《日本之覺醒》。第三種著作是 *The Book of Tea* 於 1906 年在紐約出版。日文本題為《茶之書》，是闡釋茶道精神的專著。

岡倉天心在《東洋之理想》中，提出了著名的「亞洲一體論」（Asia is one）。他認為在亞洲存在著一種貫串於各種文明之間的基本精神，就是追求普遍性

的、宗教性的「愛」；此外，還有亞洲式的「和平」。「愛與和平」形成一個觀念上的統一體，他對以此為核心的東方文化寄予無限的深情。以日本、印度乃至中國為代表的亞洲，在共同面臨歐洲文化侵入和政治侵略這一點上，是一個共同的命運統一體。在岡倉天心看來，世界文化正走入歧途，走入忽視人生理想、一味追求物質功利的歧途。為了物質而束縛精神的狀態，是「未開化」的、「野蠻」的狀態；亞洲文明是「用精神去戰勝物質」，是真正的「文明」狀態。

應予指出，岡倉天心的理論蘊涵著國粹主義和大亞洲主義的元素。他逝世後，在第二次世界大戰時期，被日本的法西斯主義者利用，成為「聖戰」的口號。這與岡倉天心當初的本意，是相去甚遠的。

另有一種 *The Awaking of the East*，題為《東洋之覺醒》，1902 年稿，他在世時不曾出版。書中有「歐洲的光榮即是亞洲的屈辱」的名句。除了向海外介紹日本和東方的傳統美術以及茶道之外，岡倉天心還用英語和漢語創作詩歌，並有英語詩劇《白狐》（1913）。世人記得的，始終是他的名句「亞洲是一體的」。

【人物群像】

■狩野芳崖：狩野派的繼承和創新

狩野芳崖（1828-1888），日本畫畫家。山口縣人。曾師事狩野雅信，因得到費諾羅薩（Ernest Francisco Fenollosa）賞識而畫名大增。

狩野芳崖的作品，繼承狩野派畫風，嚴謹而豪放，在構圖、明暗和色彩上，則吸取西洋畫法，創造了獨特風格，代表作有《悲母觀音》等。

狩野派是日本繪畫史上最大的流派，由室町中期至明治時代，常與武家、權貴相依托，自詡為正統繪師。在江戶時代，狩野派依仗幕府、大名，擴大其勢力，但因墨守傳統和缺乏創新而流於陳腐。明治明代的日本畫，在一定程度上，繼承了狩野派的畫風而有所創新。

■橋本雅邦：日本畫的振興者

橋本雅邦（1835-1908），日本畫畫家。生於江戶。師承狩野雅信，五十歲時馳名畫壇。他擅長山水畫，取法狩野派，而在色彩處理上，則受到自然主義的影響，忠於寫實，筆法溫柔而典雅。代表作有《白雲紅樹》、《龍虎圖屏風》等。

橋本雅邦固守傳統，畫風穩健，受費諾羅薩、岡倉天心召請，為創立東方美術學校盡心盡力，更為振興日本畫做出了貢獻。

■橫山大觀：有「日本酒仙」之稱

橫山大觀（1868-1958），日本畫畫家。本名秀藏，後改秀磨，茨城縣水戶市人，出身於藩士家庭。1893 年

東京美術學校日本畫科首屆畢業生，受教於橋本雅邦、岡倉天心，專事臨摹古畫。兩年後參與日本美術學院的創立活動，每年均有力作參加院展；並與菱田春草等人共同致力於新日本畫運動，被指責為朦朧派。

橫山大觀的作品構圖清新，運筆富有感情。1903年至1905年間，先後遊歷印度和歐洲；1907年後，任文展審查員。1935年為帝國美術院會員，1937年獲首屆文化勳章。對其後的日本畫家影響甚大，被譽為日本畫壇的最高峰，成為日本畫的代表人物。名作甚多，有《蒲湘八景》、《生生流轉》等。

橫山大觀為富士山的魅力所打動，不停地用自己的畫筆加以描繪，據說其能量的來源是酒，因而有「酒仙大觀」的稱號。他的老師岡倉天心是個酒豪，在他的教導下，橫山大觀的酒量和畫技同步成長，不過他向來在作畫前不喝酒，酒醉後不拿畫筆，認為不應該帶著酒氣去操持本業。

有一次，橫山大觀結識了日本名酒醉心的社長小根薰，二人相見恨晚，談得投契。橫山大觀聲稱「造酒和繪畫都是藝術」，山根承諾以今後免費供應「醉心」，終生享用，橫山則每年以一幅畫相贈。日子一久，積累了一批畫，居然辦起大觀紀念館，每三年一次向大眾公開。橫山大觀不吃米飯，光是喝酒，靠酒的營養，居然活到九十歲。他曾振振有詞地說：「酒是米做的飲料，我喝酒就等於吃了米飯！」

■下村觀山：顯示明治畫壇的特色

下村觀山（1873-1930），日本畫畫家。和歌山人。

其初師事狩野芳崖、橋本雅邦，1894 年畢業於東京美術大學，并留校任教。後來參與創立日本美術院，與菱田春草、橫山大觀等致力於新日本畫運動。1903 年至 1905 年遊學英國。

下村觀山的作品，綜合大和繪、光琳派和宋元繪畫等風格，表現卓越而穩健，顯示了明治畫壇特色。代表作有《林間之秋》、《白狐》等。

■菱田春草：改革日本傳統畫

菱田春草（1874-1911），長野縣人，日本畫畫家。1890 年入東京美術學術、畢業後留校任教，並與岡倉天心、橫山大觀等人創立日本美術院，致力於傳統日本畫的革新。1903 年至 1905 年間，遊學印度和歐美。

菱田春草的作品，摒棄傳統的線描畫法，重視色彩表現，被指責為朦朧派。代表作有《落葉》、《王昭君》、《黑貓》等。

■竹內栖鳳：革新日本水墨畫

竹內栖鳳（1864-1942），日本畫畫家。本名恒吉。京都人。曾師事幸野楳嶺。1889 年後，任教於京都府畫學校、京都市立美術工藝學校等。作品以京都四條派傳統寫生手法為基礎，結合大和繪與漢畫古典風格。四條派因其創立者吳春（松村月溪）住京都四條而得名，形成於江戶晚期，其畫風富有情趣，在幕末的京都畫壇佔有主流主位。

1900 年，竹內栖鳳遊學歐洲。回國後吸取西洋畫法，革新傳統日本水墨畫，對近代京都畫壇影響甚大。

曾兩度訪華，描繪江南等地景色。1937年獲首屆文化勳章。代表作有《雨霽》、《河口》等。

■淺井忠：創立關西美術學院

淺井忠（1856-1907），西洋畫畫家。生於江戶。初學日本畫，後入工部美術學校。師事意大利畫家豐塔內西（Antonio Fontanesi）。1889年與小山正太郎等組織明治美術會，1898年任東京美術學校教授。

1900年，淺井忠到法國留學。回國後創立關西美術學院，任院長。他的作品繼承了豐塔內西的自然主義，富有詩意；留法期間的作品，還帶有「外光派」色調明亮的特點。著名作品，有油畫《春耕》、《收穫》及水彩畫《灰色的路》等。淺井忠和黑田清輝，一個在關西，一個在關東，在美術界成為日本西洋畫的兩大領導人。

■黑田清輝：帝國美術院院長

黑田清輝（1866-1924），西洋畫畫家。鹿兒島人。1884年赴巴黎研究法律，其後轉學西洋畫，1893年經由美國返回日本。1896年創立白馬會，1898年任東京美術學校教授。歷任國民學術協會會長、帝國美術院院長等職。白馬會接受法國印象派的畫風，其展覽會除了展出完成的創作作品，還展出會員的習作畫稿，其後於1911年解散。

黑田清輝的作品，具有外光派明快色調和悠然自得的寫實風格，被稱為紫派，成為明治後半期西洋畫的樣板。代表作有《湖畔》、《讀書》等。《湖畔》是即

興作品，背景是箱根的蘆之湖，模特兒是後來的照子
夫人。

■藤島武二：西洋畫界的中心人物

藤島武二（1867-1943），西洋畫畫家。鹿兒島人。
初學四條日本畫，後改繪西洋畫。1896 年任東京美術
學校副教授，參與創立白馬會。初期作品具有浪漫主義
風格。

1905 年至 1910 年間，藤島武二留學歐洲，其後畫
風為之一新。晚期作品日益成熟，筆觸大膽而流暢，色
彩華麗，繼黑田清輝之後，成為西洋畫界的中心。1937
年獲首屆文化勳章。代表作有《黑衣女郎》、《東海旭
光》等。

表九　明治時期的主要畫家和作品

日本畫		西洋畫	
畫家	作品	作品	畫家
狩野芳崖	《悲母觀音》	高橋由一	《鮭》
橋本雅邦	《龍虎圖》	黑田清輝	《湖畔》、《讀書》
橫山大觀	《無我》、《流燈》	青木繁	《海之幸》
菱田春草	《落葉》、《黑貓》	淺井忠	《收穫》
下村觀山	《大原御幸》	藤島武二	《天平之面影》
竹內栖鳳	《雨霽》、《河口》	和田英作	《渡頭之夕暮》

3.3 夏目漱石：近代日本文豪的代表

1. 反自然主義文學作家

夏目漱石（1867-1919），著名作家、小說家。原名金之助，生於江戶一個小官吏的家庭。東京帝國大學英文科畢業，曾在東京高等師範、四國松山中學、熊本第五高等學校任教師。1900 年被派到英國倫敦留學，因受歧視，對西方的文明社會有所不滿，加以東西文化的差異使他陷入孤獨之情景，以致神經衰弱，大影響了他後來的思想和作品。

夏目漱石回國後，在第一高等學校教課，任東京大學講師，其講義《文學論》介紹西方近代文學理論。1905 年受俳人、小說家高濱虛子的鼓舞，在《杜鵑》雜誌上發表第一部長篇小說《我是貓》，嘲諷黑暗的社會現實，於文壇一舉成名。後又發表《哥兒》、《旅宿》等作品，顯示出旺盛的創作力。當時有一班知識青年聚集在他周圍，如森田草平、小宮豐隆、鈴木三重吉、寺田寅彥等。不久，夏目漱石辭去教職，進朝日新聞社當專業作家。1907 年起，在《朝日新聞》上發表《虞美人草》等大批作品。

夏目漱石從文明批判式的諷刺性立場觀察人生，

與當時興盛的自然主義相反，他的《三四郎》、《從此以後》和《門》構成的「前三部曲」，表現了這種思想作用。三部作品的內容，展現了知識分子從夢幻到追求、從追求到絕望的命運。1910 年以後，在《過了春分時節》、《行人》、《心》構成的「後三部曲」等作品中，尖銳地分析了「我執」的問題，揭露出近代有教養的人，隱藏在他們內心深處的利己主張。但有時又表現出悲觀情緒，這於晚期作品《路邊草》中尤為明顯。1916 年在寫作《明暗》時病逝。

在日本，夏目漱石是擁有最多讀者的作家之一，他對日本實現主義文學的發展，做出了巨大貢獻。在他的影響下，培養了芥川龍之介、久米正雄、鈴木三重吉等有才能的作家。現時日本紙幣上，印有他的肖像。

2.《我是貓》和《哥兒》

夏目漱石的成名作《我是貓》，沒有情節，也無結構，主要表達了作者的社會觀。內容寫一隻偶然來到中學教師苦沙彌先生身邊的野貓，透過牠的眼睛來觀察周圍的一切，並且大發議論，表達對人生和社會的看法。又以諷刺、幽默的筆調，刻畫經常出入苦沙彌家書齋的高級知識分子，包括美學家迷亭、理學家

塞月、哲學家獨仙等，他們頭腦發達，但行動無力；同時又寫與苦沙彌有糾葛的資本家金田，揭露他的醜惡。作品還表現了作者的觀點，認為人性是愚昧自私的。

《草枕》描寫青年畫家在旅途中荒山遭遇的無情打擊。同樣寫於 1906 年的《哥兒》（又譯作《少爺》），基於夏目漱石在松山中學當教師時的生活體驗，塑造了一個愛吹牛的青年教師的形象。他既純真、正直，與邪惡的社會勢力決不妥協，又魯莽、冒失和幼稚可笑。作為他的對立面，刻畫了「狐狸」校長的虛偽狡猾、「紅襯衫」教務長的陰險狠毒，以及「小丑」教員的阿諛奉承等卑劣行為。從不同人物的矛盾，揭露了明治時期的教育狀況。可愛而又可笑的「哥兒」形象，長期為日本讀者所喜愛。

夏目漱石發表上述這些作品時是三十八歲至三十九歲，前程一片光明，據說東京大學當時已內定提升他為教授，但因校方推行國家主義教育方針，校園內外盲目崇洋，夏目漱石為了保持自己的作風，毅然決定從官辦學術體系中引退。後來又於 1910 年主動辭退博士稱號，走職業作家之路。

夏目漱石自幼喜愛漢文學，有很深的漢詩、漢文造詣。他認為漢文學是經國之道、文章之道，包括哲

學、歷史和政治；而以英國文學為代表的西方文學，則是探求和反映人生、社會的藝術。日本吸收西方思想，是要用來發揚日本傳統的美德，以及改變日本的陋習，從而超越舊日時代的日本，而不是用西方思想來取代日本精神。在留學英國期間，夏目漱石目睹西方社會的真正面貌；英國一些批判現實主義的作品，為他提供了豐富的文學養分。

夏目漱石也寫過《倫敦塔》、《幻影的盾》和《旅宿》等作品，脫離現實社會，追求美的世界，而被稱為餘裕派或高蹈派作家。餘裕派是夏目漱石提出來的文學理論術語，此派不贊成對現實的摹寫，主張小說應有低徊的餘韻，可以稱之為「從容小說」或者「沒有說教的小說」。但他很快就意識到這是虛幻的，決心要以維新志士那種生死搏鬥的勇猛精神，來從事文學創作。《二百一十日》和《大風》等，繼承了《我是貓》等作品中的批判精神，揭露了財主的跋扈和金錢至上的社會現實。

3.「前三部曲」和晚年作品

應聘到朝日新聞社後，夏目漱石的長篇小說《虞美人草》和中篇小說《三四郎》、《從此以後》、《門》都具有廣泛的社會性和強烈的批判精神。《三四郎》的

主人公小川三四郎是一個素樸純真的青年，在家鄉高中畢業後，到東京上大學，接觸到許多新事物，思考了許多新問題。他與一位受新思想熏陶的自由女性美禰子彼此吸引，陷入似戀非戀的親密關係，但當三四郎明確地向美禰子示愛時，高傲的、心意多變的美禰子突然與另外一個男人結婚。小說以這對青年男女為中心，以及一班相關的人物，又一次展現了明治末年東京知識分子的面貌，反映了他們之間的矛盾和現實。

《從此以後》寫一個沒有職業、靠父兄資助生活是「高等遊民」，自得其樂，過著遊手好閑的生活，甚至把自己的戀人讓給朋友。後來發覺昔日的戀人並不幸福，於是把她從朋友那裏奪回來，因父親斷絕資助，只得在烈日下四處奔走和謀職求生。作品肯定了愛情高於社會習慣，極具代表性。

夏目漱石的另一個中篇小說《門》，則寫主人公與朋友妻相愛，終於結合的故事，追求個人幸福，思想上卻沒有徹底衝破社會道德的束縛，只得呆立在社會的「門」前面，無所作為。這種知識分子類型，反映了明治維新改革的不徹底性，給有良知的知識分子造成了悲劇，同時也流露了作者本身在思想觀念上的弱點。

夏目漱石的晚期作品，社會性有所削弱，主要刻

畫知識分子的內心世界，挖苦人類的利己主義，追求
「則天去私」的倫理精神，以及人生的真諦。1911 年，
他在〈現代日本的開化〉一文中指出，日本在被迫與
西方交往的過程中，逐漸喪失了自我，這種表面性
的、外發性的文明開化，必須轉變為內發性的、精神
性的開化，也就是日本本位的文明開化。這可以說是
夏目漱石的文學理論的核心意識，他的一系列作品，
則說明了他在錯誤的時代精神之中，終於走上了孤獨
的文學道路。

【人物群像】

■坪內逍遙：近代日本文學革命的先驅

坪內逍遙（1859-1935），小說家、劇作家、評論家。原名雄藏，別號春迺舍朧。岐阜縣人。1883 年東京大學政治經濟學科畢業，任東京專門學校（早稻田大學前身）講師。翻譯過莎士比亞（W.William Shakespeare）的作品，1885 年至 1886 年，發表評論《小說神髓》，主張文學的獨立與寫實主義；又有小說《當世書生氣質》，描寫當時青年學生平易而清新的氣質，成為開創近代日本文學的文學革命先驅。

其後坪內逍遙專門從事戲劇革新工作。1891 年創辦《早稻田文學》，評注《馬科貝斯》，與森鷗外展開「不

要理想的論戰」，並發表論歷史劇的文章和歷史劇《梧桐一葉》，提倡傳統戲劇近代化。1906 年與弟子島村抱月等成立文藝協會，1909 年自費開辦戲劇研究所，學生結業時公演《哈姆萊特》。

坪內逍遙是日本近代戲劇運動的創始人，非常活躍。後來文藝協會因島村抱月與松井須子的戀愛問題而解散，坪內逍遙退出運動，1915 年從早稻田大學退休。1928 年，終於譯完《莎士比亞全集》四十卷；早稻田大學建立戲劇博物館，以資紀念。晚年撰寫回憶錄《柿蒂》。有《坪內逍遙選集》十二卷、別集三卷。

■二葉亭四迷：近代日本文學建設的先驅

二葉亭四迷（1864-1909），小說家、翻譯家。原名長谷川辰之助，別號二葉亭主人。生於東京，出身於下級官吏家庭。曾立志當軍人未成，又想做外交官。進東京外語學校俄語科，不久中途退學。在坪內逍遙的敦促下，發表文學評論《小說總論》；並以逍遙的名義，發表日本最早的「言文一致體」現實主義小說《浮雲》第一編，第二、第三編則用二葉亭四迷署名。他翻譯俄國屠格涅夫的《獵人日記》（日譯本題為《幽會》），是日本最早用言文一致體進行翻譯的小說，還有《邂逅》等，成為可數的、代表新文學的作家之一。

1889 年，二葉亭四迷在內閣官報局任英、俄語新聞雜誌編輯。1897 年任陸軍大學、東京外國語學校俄語教授，1902 年辭職，赴哈爾濱、北京等地，翌年歸國。1904 年受聘朝日新聞社，從事翻譯和評論寫作。1908 年作為該社特派員赴俄國，歸國途中因肺病惡

化，死於船上，葬在新加坡郊外。有《二葉亭四迷全集》九卷。

■森鷗外：軍醫與文學家

森鷗外（1862-1922），原名林太郎。島根縣人。東京大學醫學部畢業。曾以軍醫身份留學德國，回國後任軍醫總監、陸軍醫務局長等職。另一方面，森鷗外又致力於文學，發表譯詩集《面影》，創辦雜誌《柵草子》，開展其文筆活動，發表《舞姬》、《泡沫記》等作品後，一躍而為文壇巨匠。他在《柵草子》和後來的《喚醒者》雜誌上發表譯作和評論，對日本文學的發展很有貢獻。他與坪內逍遙展開「不要理想的論戰」，介紹德國唯心主義哲學家哈爾特曼。

日俄戰爭後，森鷗外創辦《昂》雜誌，顯示出潛心鑽研和獵取知識的客觀作風，並發表《雁》、《青年》等，在自然主義全盛時期的文壇上，形成獨特的藝術境界。1912 年，乃木希典大將夫婦自殺後，森鷗外開始寫歷史小說，如《與津彌五右衛門的遺書》、《阿部一族》、《高瀨船》、《山椒大夫》等，以及《澀江抽齋》、《伊澤蘭軒》等傳記體裁的小說，在實證性和精湛的心理描寫方面，達到爐火純青的境界。

小說《舞姬》是森鷗外的處女作，發表於 1890 年，內容描寫留學柏林的男主角與德國貧窮舞女的邂逅、戀愛和離別，是一個浪漫的悲劇故事。《阿部一族》發表於 1913 年，是森鷗外的歷史小說傑作，內容著重描寫古代武士的信念和主張。

■樋口一葉：薄命的女作家

樋口一葉（1872-1896），文學家。原名奈津。生於東京。1886入中島歌子的私塾荻之會學作和歌，她父親逝世後，家境困難，在貧民窟艱苦謀生。1892年發表處女作《暗櫻》，繼而發表《埋沒》，筆調有如幸田露伴的作品，因而出名。幸田露伴是具有寫實傾向的「擬古典主義」作家，文筆具有雄渾的氣魄。

樋口一葉的小說以寫實手法描述民眾生活，尤其是女性的哀歡，有一定的個人風格，文字優美，描寫細膩，其日記的可讀性也很高。她的兩部代表作，都寫於1895年。《青梅竹馬》描寫遊廊附近街上的少男少女，文體優美，受到讀者熱烈讚賞，是浪漫風格的名作，被譽為現實主義與自然主義之間的一座小橋。《濁江》則講述以女招待為中心的故事，有出色的心理描寫。

她從事文學創作僅四年，有短篇小說二十一篇、和歌四千餘首，以及一部文學價值很高的日記。因貧病交加，死於結核病。作品編為《樋口一葉全集》四卷及別卷一卷。

■與謝野晶子：和歌及新體詩女詩人

與謝野晶子（1878-1942），文學家。原姓鳳，生於大阪府堺市。畢業於堺市女校，1900年參加新詩社，翌年與創辦《明星》雜誌的詩人與謝野鐵幹結婚。她的詩集《亂髮》，謳歌男女愛情，肯定本能，批判封建道德，衝擊舊詩的傳統觀念，是日本浪漫主義詩歌的高峰。

日俄戰爭爆發後，與謝野晶子發表長詩《君勿死

去！》，揭露戰爭給日本人民帶來巨大災難，影響很大。她提倡語體詩，成為明星派的中心人物，1905 年與山川登美子、茅野雅子合著歌集《戀衣》，因而有「新詩三才女」之稱。1906 年至 1911 年間，相繼出版的詩集有《小扇》、《舞女》、《夢之花》等。1912 年留法後，脫離詩壇，專門從事古典作品的評注，包括《源氏物語》、《榮華物語》等。1921 年參加《明星》雜誌復刊，除發表詩歌外，還有小說《彩雲飄飄》、《奔向光明》等。作品編為《與謝野晶子全集》十二卷。

她的丈夫與謝野鐵幹（1873-1935），主張和歌改革，曾發表歌論《亡國之音》，抨擊舊派歌壇。1899 年創立新詩社，翌年發行機關刊物《明星》。婚後夫婦協力，使《明星》雜誌成為短歌革新運動和浪漫主義詩歌運動的中心。與謝野鐵幹的代表作，有歌集《東南西北》、《天地玄黃》，詩風豪放，多英雄氣概。曾任教慶應大學十多年，主講國文及文學史，悉心編集《日本古典全集》和《鷗外全集》，撰有遊記詩文集《寄自巴黎》、《滿蒙遊記》等。

與謝野晶子是日式糕點商駿河屋的三女兒，少女時期就很喜愛文學作品。現時堺市甲斐町有與謝野晶子紀念館，在堺利晶之社的二樓；從紀念館徒步，即可到達駿河屋。與謝野晶子婚後生兒育女，家境並不富裕，她一面操持家務，一面繼續寫作，以及參與文化教育活動。

表十　明治時期文學潮流和主要作家

文學潮流	作家	主要作品
寫實主義文學	坪內逍遙	《小說神髓》（1885） 《當世書生氣質》（1885）
	二葉亭四迷	《小說總論》（1886） 《浮雲》（1887）
浪漫主義文學	森鷗外	《舞姬》（1890） 《即興詩人》（1892）
	樋口一葉	《濁流》（1895） 《青梅竹馬》（1895-1896）
	與謝野晶子	《亂髮》（1901）
自然主義文學	國木田獨步	《武藏野》（1901）
	田山花袋	《蒲團》（1907）
反自然主義文學	夏目漱石	《我是貓》（1905） 《哥兒》（1906） 《三四郎》（1908）
	森鷗外	《青年》（1910） 《雁》（1911-1913）

第四章

軍事與實業

明治維新的種種改革，以富國強兵為總口號，軍事和實業，就是達到這個目標的兩大支柱；後者亦即殖產興業，是發展軍事的重要後援。

　　幕藩體制和身份制度，原是德川幕府統治的基礎，在薩長同盟勢力主導下成立的明治政府，因而帶有濃厚的藩閥色彩，軍事方面尤為明顯，從海陸軍的人脈足以反映出來。陸軍元帥山縣有朋出身長州藩，致力於建立日本的近代陸軍，確立軍部大臣由現役軍人擔任的規定，埋下了軍部干預政治的禍根。

　　海軍大將東鄉平八郎出身薩摩藩，在日俄戰爭中打敗號稱世界最強的俄國海軍。其後日本海陸軍勢力的爭持，於此可見端倪，第二次世界大戰期間，日本軍部戰線由前期的北進論轉換為後期的南進論，亦可由此得到部分的解釋。

　　甲午戰爭後，日本重視對俄國的戰略，以北進論作為基本國策，加緊侵略朝鮮半島和中國東北。南進論則以海軍的提倡為中心，是指向中國中部、南部及東南亞、太平洋方面的戰略，作為日本對外膨漲的路向，在 1936 年後逐漸抬頭。

　　近代日本最重要的實業家澀澤榮一，早期侍奉一橋家及幕府，與德川慶喜有密切關係，後來且為德川慶喜編撰傳記。澀澤榮一頗受中國傳統文化的熏陶，

強調「義利合一」，近似儒商，不是一個完全西化論者。明治中期以後，歐化主義有所調整，在思想、文化以至經濟方面，都明顯可見。

明治維新以幕府將軍大政奉還、明治天皇王政復古為交替，明治時期的人脈關係亦見新舊勢力的轉化，舊時代的事物，如何在新時代尋找定位和發展機會，與新思想、新文化並存，就是明治維新 —— 復古而維新顯現出來的另一個現象。

4.1 山縣有朋：日本陸軍頭號人物

1.「近代日本陸軍之父」的成長之路

山縣有朋（1838-1922），軍人、政治家。名小輔、狂介，維新時改名有朋。長州藩下級武士出身，曾就學於松下村塾。幕末動亂時期任奇兵隊軍監和總督，十分活躍。維新後於 1869 年奉命到歐洲考察，回國後任兵部少輔。

1872 年（明治五年），山縣有朋任陸軍大輔，負責制定《徵兵令》；後任陸軍卿和參議，致力於建立軍制，指揮鎮壓士族叛亂和農民暴動。1878 年設立參謀本部，任首任部長。1882 年任參事院議長，發佈《軍

人敕語》。由西周起草，以明治天皇的名義發佈，把軍人道德與孝忠天皇直接結合起來，強調建設天皇制軍隊所需要的軍人精神。

1885 年，山縣有朋任第一次伊藤內閣內務大臣，制定以地方名流為中心的地方自治制。以後曾兩次組閣，並任樞密院議長和第二次伊藤內閣法務大臣，中日甲午戰爭時，任第一軍司令官和陸軍大臣，指揮戰爭；日俄戰爭時，以總參謀長和元老身份，指導戰爭。

山縣有朋以陸軍大將、元帥身份，成為陸軍中的頭號人物；同時又作為元老，把自己一派的官僚安插在各個機關，擴大勢力，尤其是在伊藤博文死後，山縣有朋掌握了極大權力。他厭惡政黨，盡力維護官僚政治。但在 1918 年（大正七年）米穀暴動的衝擊下，不得不推薦政友會總裁原敬任總理大臣。1921 年，在皇太子選妃問題上受到左翼勢力攻擊，遭到失敗，這些都使他意識到權力的限度。

2. 致力建立近代日本陸軍

山縣有朋生於長州萩城下川島一個卒族家庭，幼名辰之助，又稱小輔，化名萩原之助，號素狂、含雪，根據其住所而改的別號，有過芽城山人、椿山主、無鄰庵主、小淘庵主、古稀庵主等。

他的父親山縣有稔，曾任州庫僕從，以忠於職守博得好評，在古典文學方面頗有造詣。山縣有朋在家庭熏陶和私塾教育下有優秀的學業，並以柔道和劍術見長。

日本開國前後，長州是倒幕運動策源地，山縣有朋在青年時代，就成為長州藩軍隊指揮員之一。他曾就學於松下村塾，拜吉田松陰為師，與倒幕派志士久阪玄瑞、木戶孝允等交往甚密，又多次往返於長州、京都之間，策動倒幕，促成了薩長聯盟。

山縣有朋作為長州藩奇兵隊的軍監和總督，曾身先士卒，抗擊英、法、荷、美四國艦隊炮擊下關，右腕和腹部中彈受傷；並指揮奇兵隊，打敗第二次征討長州的幕府軍。

明治政府成立之初，山縣有朋作為政府軍高級指揮官，為鎮壓幕府反叛勢力和保衛新生政權，立下汗馬功勞。1869 年（明治二年），他奉命出使歐洲考察軍事，回國後逐步升遷，歷任兵部少輔、大輔、陸軍卿、參謀本部總長等要職，成為軍界獨一無二的實力人物。

其間山縣有朋致力於近代陸軍的建立和改造工作，包括：倡導和制定《徵兵令》，主持把鎮台制度變成師團制，整頓陸軍教育機構，創立軍醫處，頒佈

《軍人訓誡》和《軍人敕諭》等。這些措施從組織上和思想上為日本的近代陸軍打下了基礎。因此，山縣有朋被稱為「近代日本陸軍之父」。

3. 擔任兩屆內閣首相

山縣有朋出任文職，是在 1882 年以後，曾任參事院議長兼內務卿、第一次伊藤博文內閣內務相兼農商務相，其間直接領導創立地方自治制度，並對警察制度作出了根本性的改革，而且是制定《保安條例》、鎮壓民主運動的首謀。這位自稱是「一介武夫」的政治人物，辦事的時候慎重而果斷。

1889 年 12 月，黑田清隆內閣辭職，山縣有朋受命組閣，擔任首相兼內務相，提出「守護主權線」和「保護利益線」的侵略理論，作為「國家獨立自營之道」的施政方針。他說：「所謂主權線，係指國家疆域；所謂利益線，係指與其主權線安危密切相關之區域。」為此，他並且積極付諸實行，強調「保護利益線」是大勢所趨，應把「保護」重點放在朝鮮，他還竭力擴張軍備。

山縣內閣提出包括五百萬元造艦費在內的預算，遭到議會反對，並招致輿論抨擊，於 1891 年 5 月辭掉這屆內閣首相。不久，山縣有朋出任第二次伊藤博文

內閣司法相，後任樞密院長，始終控制著軍界和左右著政界。

1894 年，日本發動甲午戰爭，山縣有朋出任第一軍司令官，親臨前線指揮，率部自朝鮮平壤到義州，過鴨綠江，連陷九連城、安東縣。奉調回國後，任監軍兼陸軍相，策劃於大本營。戰後作為特命全權大使，赴俄國簽署《日俄協定》。1898 年 1 月，晉升為陸軍元帥。同年 11 月，山縣有朋第一次組閣，不情願地與憲政黨（前身是自由黨）妥協，藉此軟化民黨的攻勢，並使政府提出的增加地稅、擴大軍備支出財政預算案，在議會中得以通過。增收的巨額稅金，主要用於擴張軍備。

山縣有朋還親自主持制定了《軍部大臣武官制》，從法律上確認軍部大臣由現役武官擔任，為軍部干預政治埋下了禍根，對其後的日本政治產生巨大影響。

1900 年，中國發生義和團事件，山縣有朋認為機不可失，立即派兵加入八國聯軍。此役之後，俄國軍隊仍留在中國東北，日本政府大為緊張，外務相青木周藏力主與俄國決戰。山縣有朋認為日本在軍事上和外交上準備不足，壓制了青木周藏的主張，但圍繞著是否對俄國開戰的問題，山縣內閣出現分歧，憲政黨改變與政府合作的態度，釀成一場政治危機，逼使山

縣有朋於 1900 年 9 月提出辭職。

4. 指揮對俄國作戰

山縣有朋卸任後,仍然於幕後操縱日本軍政大權。他把親信軍閥桂太郎推到前台執掌政權,支持桂太郎締結《英日同盟》,在外交上完成對俄作戰的準備。

1904 年日俄戰爭爆發後,山縣有朋坐鎮大本營,指揮作戰,曾擔任參謀總長兼兵站總監,並親臨戰地巡視部署。日俄戰爭結束後,山縣有朋積極策劃日韓合併,把朝鮮納入日本版圖。

1922 年 1 月,山縣有朋患氣管硬化症,死於小田原古稀庵,終年八十五歲。著有《懷舊記事》五卷(1898),另有《山縣有朋意見書》(1888)。

【人物群像】

■高杉晉作:組織奇兵隊

高杉晉作(1839-1867),幕末尊攘倒幕運動志士。長州藩藩士,通稱晉作、東一、和助。1857 年(安政四年)入松下村塾,並經吉田松陰介紹,與佐久間象山知

交。1862 年（文久二年）到上海，聽到太平天國軍隊的炮聲，目睹中國當時的狀況。1863 年外國艦隊炮擊下關時，他在豪商白石正一郎家組成奇兵隊，創建了一支由有志之士組成、不拘身份的新型軍事武裝，既不同於藩的正規軍，也有游擊隊的意思，不按以往的門閥制度，採取以實力為中心。

奇兵隊由藩發給武器和俸祿，1864 年（元治元年），英、法、美、荷四國聯合艦隊炮擊下關時擔任防衛，在高杉晉作的領導下，成為長州藩討幕派的一支基幹力量。在此前後，高杉晉作曾因藩內保守派得勢，兩度脫藩，1864 年至 1865 年（慶應元年），他率領諸隊於下關舉兵，掌握藩的主導權，使長州藩轉向討幕。1867 年，在下關病逝。奇兵隊後於 1869 年被解散。

■谷干城：參與出兵台灣和西南戰爭

谷干城（1837-1911），陸軍中將、政治家。通稱守部，號隈山。土佐藩出身，曾參加戊辰戰爭；維新後任征士，參與藩政改革。1871 年（明治四年）任兵部權大丞，1873 年任熊本鎮台司令官。積極參與出兵台灣和西南戰爭，其後歷任東部監軍部長、陸軍士官學校校長等職。

谷干城退伍後，於 1881 年與鳥尾小彌太等成立保守中正派。1884 年封子爵。第一次伊藤內閣時，任農商務大臣，因反對井上馨外務大臣的修改條約方案，及其歐化主義而辭職。後來採取國粹主義、農本主義的論調，與藩閥政府對抗；並且從休養民力的立場，反對日俄戰爭。

■桂太郎：策劃日本的南進政策

桂太郎（1847-1913），軍人、陸軍大將。號海城。長州藩出身。幕末時期加入奇兵隊，參加過戊辰戰爭。1870年（明治三年）聘請德人麥凱爾進行軍事改革，參加中日甲午戰爭；戰後任台灣總督、東京灣防禦總督，策劃南進政策。1898年以後，歷任第三次伊藤內閣、第一次大隈內閣、第二次山縣內閣、第四次伊藤內閣的陸軍大臣。

桂太郎作為山縣直系官僚，充分施展其政治手腕，為擴張軍務而實行增稅法案，與政黨談判進行妥協，派兵參加八國聯軍侵華等。1901年以後，三次組織內閣。1912年（大正元年），擔任內大臣兼侍從長。第三次桂內閣因發生護憲運動，僅兩個月即總辭職。其間還曾策劃組織新黨立憲同志會，但於籌建時去世。1901年至1913年間，桂太郎與西園寺公望交替組閣，被稱為桂園時代。

■兒玉源太郎：滿洲軍總參謀長

兒玉源太郎（1852-1906），德山藩武士家庭出身。戊辰戰爭時，他率領獻功隊從軍。維新後進入陸軍，負責鎮壓士族叛亂。1885年任參謀本部第一局局長，推進陸軍軍制的近代化改革工作。1887年任陸軍大學校長，1891年赴歐洲考察，致力引進德國的軍制和戰術。1892年至1898年，歷任陸軍次官兼軍務局局長、大本營參謀、台灣總督等職。1900年任第四次伊藤內閣陸軍大臣，1904年晉升為陸軍大將。

兒玉源太郎在日俄戰爭時任滿洲軍總參謀長，負責

指揮作戰。1906 年任參謀總長兼滿鐵設立委員長，策劃加強日本對中國東北的侵略，在前往中國途中病死。逝世後封為伯爵。滿鐵是南滿洲鐵道株式會社的簡稱，1906 年 11 月成立，是日本對中國東北地區進行侵略的機構，總社設在大連。

■大山巖：陸軍元帥

大山巖（1842-1916），薩摩藩出身。西鄉隆盛的表弟，幕府末年參加尊王攘夷運動；戊辰戰爭時任炮術隊隊長，非常活躍。1871 年至 1874 年，兩度留學法國。回國後致力於陸軍建設，在陸軍內與長州藩的山縣有朋並列，是薩藩首要人物。1880 年任陸軍卿，次年兼任參議；1882 年，兼任參謀本部部長。

1884 年，大山巖率領桂太郎等赴歐洲考察軍制，著意改革日本兵制；翌年隨著建立內閣制，擔任伊藤內閣的第一任陸軍大臣，至第二次松方內閣止，先後擔任六屆內閣的陸軍大臣。1891 年升為大將。

中日甲午戰爭時，大山巖任第二軍司令官。1898 年成立元帥府時，任元帥；翌年，任參謀總長。日俄戰爭時，任滿洲軍總司令官。1907 年為公爵，1912 年列為元老。從 1914 年至 1916 年去世為止，他一直任內大臣，輔佐大正天皇。

■陸奧宗光：綽號「剃頭刀子大臣」

陸奧宗光（1844-1897），外交官。和歌山藩藩士出身。早年遊樂江戶，參加尊王攘夷運動。脫離藩籍後，歷任攝津藩知事、神奈川縣令等職。1872 年（明治五年）

任大藏省租稅頭、地稅改正局長，推進地稅改革事業。後一度辭職，1875 年任元老院議官。西南戰爭時，參與立志社大江卓等的舉兵計劃而入獄，被判刑五年。

陸奧宗光出獄後，赴歐美留學。1886 年回國，進外務省工作，1888 年任駐美公使，1890 年任第一次山縣內閣的農商務大臣。1891 年松方內閣時留任，在政黨工作方面發揮很大作用。1892 年任樞密顧問官，同年任第二次伊藤內閣的外務大臣，完成修訂條約的任務，同時負責甲午戰爭期間的外交工作。著有《蹇蹇錄》，中譯本亦作《甲午戰爭秘錄》。其人敏銳果斷，綽號「剃頭刀子大臣」。有《伯爵陸奧宗光遺稿》。

■乃木希典：為明治天皇殉死

乃木希典（1849-1912），陸軍大將。長州藩武士家庭出身，生於江戶毛利藩邸，回長州，就學於藩校明倫館。參加過戊辰戰爭，並鎮壓萩之亂。在西南戰爭中，奪西鄉軍軍旗。1886 赴德國研究軍制和戰術，1888 年歸國後，一度退伍，過著半農生活。

中日甲午戰爭時，乃木希典入伍參戰，升中將，任第二師團長。1896 年至 1898 年，任台灣總督。後於日俄戰爭中任第三軍司令官，攻打旅順，憑「肉彈」反復發動總攻付出重大犧牲後，才攻克俄軍堅守的旅順口。戰爭期間升為大將。1906 年任軍事參議官，次年兼學習院院長等職，從事皇族子弟的教育。封伯爵。明治天皇大葬之日，乃木希典夫婦一起在家殉死。著有《乃木希典日記》一卷。

4.2 東鄉平八郎：重挫俄國艦隊的海軍將領

1. 從軍人到元帥的一生

東鄉平八郎（1847-1934），薩摩藩（鹿兒島縣）藩士東鄉吉左衛門之子。他父親精通文武，熟悉海外多國風情。1856 年薩摩藩設立新水軍後，其父告誡他要以海軍為事業。東鄉平八郎在少年時，已專心學習炮術；十六歲那年，他與兩位兄長在父親帶領下參加薩英戰爭。在戊辰戰爭中，乘坐薩摩軍艦春日號參加海戰。

1866 年，薩摩藩成立海軍局，東鄉平八郎加入海軍；1871 年二十五歲時留學英國，學國際法，長達七年。回國後任海軍中尉，歷任常備艦隊長官等職。中日甲午戰爭時任浪速號艦長，率艦突襲清軍運兵船高陞號。1896 年，任海軍大學校校長。1904 年日俄戰爭爆發，海軍大臣山本權兵衛任命他為聯合艦隊司令長官，指揮全部海軍，但在封鎖俄國旅順艦隊的作戰中失敗。乃木希典率第三軍攻略旅順要塞，殲滅了俄國停泊在旅順港的旅順艦隊。

另一方面，俄國波羅的海艦隊經過歐洲，繞過非洲的好望角，1905 年 5 月，抵達日本海的對馬海峽。

東鄉平八郎以「皇國之興廢在此一戰」，激勵士氣，採取敵前回旋戰法（一百六十度大回環），大破這支號稱「世界最強」的俄國艦隊，一舉揚名。戰後，任海軍軍令部部長，成為日本海軍首腦；1913年晉升為元帥，是日本軍部內強硬派的代表。大正時期，天皇賜予帝國元帥稱號，任命為東京御學問所總裁，1925年晉升侯爵。

昭和初期，東鄉平八郎作為海軍元老，保有發言權，如1930年反對《倫敦海軍裁軍條約》等。1934年去世後獲國葬待遇，被譽為「軍神」。

2. 日俄戰爭中的勝利者

在東鄉平八郎的軍事生涯中，日俄戰爭是最為重要的。戰爭的一方，是結成同盟的英國、日本和支持者美國；戰爭的另一方，是結成同盟的俄國、法國和支持者德國。中國是受害者，因為戰爭在中國的國土上進行；而雙方爭奪的所謂利益，主要也屬於中國。

日俄戰爭的開端，是1904年2月9日的晚上，東鄉平八郎指揮的日本艦隊突擊停泊在中國旅順口外的俄國艦隊，擊毀了俄國的兩艘鐵甲軍艦和一艦巡洋艦。俄國的另外兩艘軍艦，同一天在朝鮮仁川港也遭到攻擊。第二天又有一艘俄國軍艦被擊毀，日本因而

奪得了制海權。

　　接著，東鄉平八郎把矛頭指向俄國太平洋艦隊。4 月 3 日，日本艦隊大勝，俄國太平洋艦隊司令官戰死，東鄉平八郎於 6 月 6 日晉升為日本海軍大將。而決定性的一場海戰，是 1905 年 5 月 27 日和 28 日的日本海大海戰。在這場戰役中，日軍僅水雷艦就配備了六十三艘；而俄國太平洋艦隊，同樣類型的戰艦只有九艘。經過二十四小時激戰，俄國四十七艘戰艦當中，有三十艘或被擊沉，或被俘虜，戰死者一萬多人，包括司令官在內被俘的俄國官兵有六千一百多人。日本方面，僅損失了三艘水雷艇，戰死者一百一十餘人。

　　1905 年 9 月 5 日，日俄兩國簽訂了《樸茨茅斯條約》。日本自此成為中國東北和朝鮮的主宰，東鄉平八郎建立了他在日本海軍的領導地位長達三十年。

【人物群像】

■西鄉從道：從陸軍中將到海軍元帥

　　西鄉從道（1843-1902），海軍大將、元帥。幼名龍助、慎吾，號龍庵。薩摩人，西鄉隆盛之弟。早年從事

尊王攘夷運動，在戊辰戰爭中轉戰各地。1869 年與山縣有朋赴歐，考察研究軍事制度。1870 年任兵部權大丞，負責創建近代軍隊。1874 年為陸軍中將、台灣蕃地事務都督，強行出兵台灣。1877 年任近衛都督。

在西南戰爭中，西鄉從道任陸軍卿代理，並未跟隨其兄西鄉隆盛，翌年就任參議。後任文部卿、陸軍卿、農商務卿。1885 年起，歷任伊藤內閣、黑田內閣、松方內閣海軍大臣，提拔山本權兵衛等新進，致力於建設日本海軍。1891 年曾任樞密顧問官；1894 年為海軍大將。後為元帥、侯爵，任大隈內閣海軍大臣。晚年獲元老待遇。

■山本權兵衛：薩摩藩軍閥巨頭

山本權兵衛（1852-1933），海軍大將。薩摩藩士出身。海軍兵學寮畢業，1868 年戊辰戰爭時入伍。1890 年任艦長。中日甲午戰爭時，在大本營任海軍大臣副官、軍備局長兼將官會議成員，負責作戰指導。1898 年至 1905 年，連任海軍大臣，參與準備和發動日俄戰爭；其間於 1904 年升大將，推動海軍擴張計劃。

1913 年，山本權兵衛於大正政變時組閣，修改軍部大臣現役武官制，次年下台。1923 年再度組閣，並兼任外務大臣。關東大地震時，實施戒嚴令，頒佈《治安維持法》，鎮壓社會主義者和朝鮮人。內閣總辭職後，仍以薩摩藩軍閥巨頭和海軍前輩，持有實力，坐鎮海軍。

■秋山真之：積極的大陸政策論者

秋山真之（1868-1918），海軍軍人、中將。松山藩

（愛媛縣）下級藩士之子。海軍兵學校十七期畢業。其後到美國學兵學；回國後任海軍大學校教官，提倡對俄開戰論。

日俄戰爭時，秋山真之任第一艦隊兼聯合艦隊參謀，並於日本海海戰取得勝利。他是海軍中屈指可數的積極大陸政策論者。

■齋藤實：出任朝鮮總督

齋藤實（1858-1936），岩手縣人。海軍兵學校畢業，1884 年留學美國。1898 年任海軍總務長官。1906 年起，從西園寺公望到 1914 年山本權兵衛內閣，連任五屆內閣的海軍大臣，以實現八‧八艦隊為目標，制定和實施第一及第二次海軍整備計劃。八‧八艦隊是以美國為假想敵的造艦計劃。1907 年的《帝國國防方針》規定，建立以八艘戰艦、八艘巡洋艦為主力的艦隊。

1919 年和 1929 年，齋藤實兩次出任朝鮮總督，推行文治政治，加強對朝鮮的殖民統治。1932 年五一五事件後，任總理大臣，組織「舉國一致」內閣，推行救濟農村和軍需通貨膨脹政策，擴大對中國華北的侵略，承認「滿洲國」，退出國際聯盟。1935 年任內大臣，次年在二二六事件中被殺。

■岡田啟介：海軍大將

岡田啟介（1868-1952），福井縣人。海軍大學畢業。參加過甲午戰爭和日俄戰爭，歷任艦政本部部長、海軍次官、聯合艦隊司令長官等職。1927 年、1932 年兩度出任海軍大臣，參與海軍最高決策；其間，致力於締結倫

敦海軍裁軍條約。

　　1934 年，岡口啟介組閣，試圖壓制軍部獨斷獨行，實行「舉國一致」政治，但實際上一再屈服於軍部的壓力，擴大對中國華北的侵略，發動國體明徵運動。1936 年在二二六事件中遭到襲擊，脫險後，內閣總辭職，由廣田弘毅內閣代替。其後岡田啟介作為重臣之一，繼續參與政治。

表十一　明治後期軍備擴張計劃（甲午戰爭後至日俄戰爭開戰前）

| 陸軍（增設六個師團） | | 海軍（創設六 · 六艦隊） | |
已設	新設	戰艦	巡洋艦
近衛	旭川	三笠	出雲
東京	弘前	朝日	磐手
仙台	金澤	初瀨	淺間
名古屋	姬路	敷島	常陸
大阪	善通寺	富士	八雲
廣島	久留米	八島	吾妻
熊本			

4.3 澀澤榮一：日本實業界的領軍人物

1. 自幼學習漢文書籍的實業家

澀澤榮一（1840-1931）是近代日本最重要的實業家。生於武澤國榛澤郡（今琦玉縣大里郡），初曾參加尊王攘夷運動，但在尊攘運動的複雜過程中改變主意，轉而侍奉一橋家及幕府。1867 年（慶應三年）赴歐，考察歐洲諸國的經濟制度和各種工業的實際情況。維新後，入大藏省，輔助井上馨整理財政。1872年，與井上馨一起辭職。

此後，澀澤榮一領導實業界，在第一國立銀行等金融界活動，頗為活躍，尤其致力於建立各種工業、運輸業等近代企業。其間，曾企圖向中國和朝鮮發展。他掛名建立的公司達五百多個，形成澀澤財閥。1916 年（大正五年）退出實業界後，努力發展社會公共事業，多達六百餘頃；他為了培養實業界領導人，支援各種實業學校，例如東京商科大學等。

澀澤榮一的父親市郎右衛門，是一個有學問的富農，種栽菸葉，製造藍玉販賣。澀澤榮一是獨生子，六歲時，父親便教他讀《孝經》、《四書五經》、《史記》、《日本外史》等漢文書；他母親懂得作俳諧和詩

文，起了潛移化的作用。讀書之外，澀澤榮一還積極練劍道。

十四歲開始幫忙家業，專心農業和販賣藍玉。1856 年（安政三年），德川幕府發生財政危機，澀澤家被分派五百兩「御用金」，他代父親出面交涉，受官府欺凌，使他認識到農民在封建社會身份制度下的不合理待遇。培理艦隊強逼日本開國和安政大獄兩件大事，對他亦有影響，因而立志參加尊王攘夷運動。

二十二歲時，澀澤榮一透過其師尾高惇忠的介紹，到江戶與薩長兩藩志士共謀大業；又轉到京都，經人介紹，為一橋家管理財務，主人就是德川慶喜，後隨德川昭武到法國考察。1867 年（慶應三年）出席萬國博覽會。

2. 以創辦第一國立銀行起家

在服官四年期間，澀澤榮一提出財政改革，設立商法會所，負責發行紙幣。辭職之後，創設第一國立銀行，創辦商法講習所（一橋大學前身），當時他三十六歲。

澀澤榮一從事經商活動時，是「算盤」的打算；一生以實現「義利合一」為目標，所以重視《論語》的理念。其《論語與算盤》是一部不朽的著作。他在

創辦實業的同時，全神灌注社會服務，把實業和福利，作為一國的兩輪。他的「道德經濟合一說」是東方式的經濟理論，特別注重「經營者的道德性」。又宣稱一個成功的經營者，要具備三個條件：一是歷史觀，二是倫理觀，三是道德性。

除了是銀行家和實業家之外，澀澤榮一還是都市企業家和社會福利家。他一手經營了五百多家大企業，貢獻了六百多種社會事業，以八十八歲高齡，經歷了明治、大正、昭和三個時期。

作為銀行家，他是明治維新後第一國立銀行的董事長、頭取，並且經辦了幾家民營銀行，包括第一勸業銀行、日本興亞銀行、協和琦玉銀行、七十七銀行，以及東京海上火災保險等金融保險。

澀澤榮一創立的幾家大企業，至今仍多是各個行業的龍頭。如製紙業方面的王子製紙，海運業方面的日本郵船，建築業方面的清水建設，重工機械業方面的川崎重工業、東京製鋼，還有啤酒業方面的朝日啤酒、札幌啤酒，電影業方面的東寶等。

此外，社會福利事業、教育事業、宗教團體、修養團體，澀澤榮一參與和支持的有六百餘種。還可注意的，是他領銜進行的東京新商業都市建設計劃，包括：（1）以日本橋為中心，建設了一個金融證券區。

（2）從大手町，建設了一個大公司集中區。（3）把銀座建設成日本最大的商店街。（4）將東京南部的荏原郡打造成高級住宅區。

3. 從《論語》到算盤

澀澤榮一辭官下野後，投身實業界，以孔子的教誨為信條，其後四十幾年間，一直認為《論語》與算盤必有相通之處，力圖加以實踐，強調必須使其相通。換言之，他主張「仁義和殖利」兩者並非格格不入，在鼓吹的同時，以身垂範。《論語與算盤》分為十個主題，每個主題下有幾篇至十幾篇文章：

（1）「處世與信條」以〈論語與算盤，遠在天邊，近在咫尺〉開篇，倡言〈士魂商才〉，而以〈《論語》乃萬人通用的實用訓誨〉為宗旨。

（2）「立志與學問」首言〈預防精神衰老的方法〉和〈及時努力〉，要保持〈大志與小志的調和〉，又分析〈社會與學問的關係〉，並教以〈培養勇猛之心的方法〉。

（3）「常識與習慣」，指出常識就是維持「智、情、意」三者的平衡，均等地發展；習慣則是人平時行為舉止的累積，形成一種固有的特性，進而影響自己的心靈和行動。鍛煉意志需要具備常識，而常識的

根本應以孝悌忠信的思想為依據。

（4）「仁義與富貴」談到孔子的貨殖富貴觀，認為孔子在懇切教說倫理的同時，也相當看重經濟。誤解孔孟教義的結果，使得從事生產謀利的實業家幾乎都以利己主義為本。金錢是彰顯社會力量的重要工具，真正擅於理財的人，除了會賺錢，也必須善用財富。

（5）「理想與迷信」強調人要抱持合乎道理的希望，要心懷熱誠，人生在世，必定要有目的。〈人生觀的兩面〉，一是「客觀的人生觀」，一是「主觀的人生觀」，先立人達人再立己達己，就是孔子在教導君子行為應有的順序。澀澤榮一認為文明與野蠻屬於比較性的關係，〈真正的文明〉指出，經營國家不可能僅止於追求富庶，如果嚴重偏向某一方面，難保最終不會削弱文明。文明一旦貧弱，所有的治國工具將形同虛設，要不了多久，就會步入野蠻。對此，他強調必須上下一致，文武合作，努力維持應有的平衡。

（6）「人格與修養」，提出〈人格的標準為何〉答案為「無論是誰都有元氣」，元氣相當於孟子所說的「浩然之氣」，以至誠培養正確的道理並持之以恆。修養不是理論，而是要實際去做。經學到了宋朝雖然大舉振興，卻沒有應用到實務之中，原因是當時的政務相當混亂，導致學問與現實完全脫節。相較之下，日本反而因

為利用了淪為空理空論的宋代儒學，發揮了實學的功效。因此，澀澤榮一衷心希望以修養為志的人，絕不可趨於奇矯，失去中庸，應經常保持穩健的情操。

（7）「算盤與權利」一再表明作者以《論語》作為商業上的「聖經」，努力不逾越孔子之道。〈合理的經營〉指出，若無益於社會多數，則稱不上是正當的事業，這樣的事業又有甚麼意義？

（8）「實業與士道」指出文明人的貪戾，只圖自己國家發展；日本與中國必須相互提攜，以相愛忠恕之道交往。〈究竟責任在誰〉說，維新以來，物質文明急速發達，道德卻沒有隨之進步，人們常歸咎於商業道德的衰退。每當接觸到外國的風俗，就想立刻應用到自己國家，實則國家不同，道義觀念自然也不相同，應該仔細觀察社會的組織風俗，思考自祖先以來的素養習慣，培養出適合該社會的道德觀念。〈應去除功利主義弊病〉強調，商業道德是國家甚至於世界的精髓，直接的影響極其深遠；因此必須闡揚誠信的威力，所有企業家都應該以誠信為萬事之本，理解誠信能敵萬事的力量，以此堅固經濟的根幹。此乃急務中之急務。

（9）「教育與情誼」分析現代教育的得失，現代青年往往誤解了修習學問的目的。一般青年應該根據自己的資質，投入各種專業教育之中，修習實際的技術，接

受高等教育的人則應訂立明確的目標。書中認為孔子引導弟子的方式，確實是師生關係最好的典範。師生之間的情誼是很重要的，應該加強相親相愛的意識。

（10）「成敗與命運」以〈唯有忠恕〉點題，述說忠恕是人生正路，也是立身基礎，可以說掌握了人的幸福命運。盡人事待天命，以恭、敬、信的態度對待是最穩當的想法。要學會膽大心細，發揮獨立不羈的精神，必須一掃今日認為政府萬能、民間事業處處仰賴政府保護的心態，伸展民間的力量，立下決心，不勞煩政府也能開展事業。總之，人是應該腳踏實地去努力，開拓自己的命運，而將成敗交託予於命運即可。只要繼續勤奮不倦，好運總有一天會再降臨。

《論語與算盤》一書的編纂方式，出自《龍門雜誌》，展現了日本一代儒商最發人深省的處世哲學和警世格言。1887 年左右，一群仰慕澀澤榮一的經營者和管理者，創立了一個名為龍門社的組織，發行《龍門雜誌》（月刊）。據說澀澤榮一透過這個組織，培育企業經營的新領導者。

表十二 澀澤榮一創立的主要企業

行業	創立機構
製紙業	王子製紙、十條製紙、本州製紙、日本紙漿商事。
海運業	日本郵船
紡織業	東洋紡
鐵路業	東日本旅客鐵道、北海道旅客鐵道。
建設業	清水建設
煤氣業	東京瓦斯
重工機械業	石川島播磨重工、住友生機械工業、古河機械金屬、川崎重工業、東京製鋼。
化學業	日產化學工業
水泥煉瓦業	日本水泥、日本煉瓦製造、品川白煉瓦。
旅館業	帝國大飯店
啤酒業	朝日啤酒、札幌啤酒。
電影業	東寶
新聞業	日本經濟新聞社
倉儲業	澀澤倉庫

【人物群像】

■岩崎彌太郎：三菱財閥創始人

岩崎彌太郎（1834-1885），實業家。土佐藩農村浪人之子。入藩士吉田東洋門下，結識後藤象二郎。曾在土佐藩的開誠館、土佐商會積極活動。1871 年，他接受

廉價的藩船等的轉讓，創建三菱商會，向海運業發展。自 1874 年承辦出兵台灣的軍事運輸後，受到政府的保護，例如獲得廉價轉讓的輪船和補助金等。與美英太平洋輪船公司、郵船公司競爭取勝，又靠西南戰爭得到進一步發展，建立三菱會社在海運業中居於東洋第一的地位，並且向匯兌、海上保險、礦山業等方面投資。

但由於對壟斷海運業的指責越來越強烈，對三菱採取保護政策的大隈重信在明治十四年政變中下台，1883 年，共同運輸會社在政府的保護下成立。岩崎彌太郎與該公司激烈競爭，結果在政府調停下，兩公司合併為日本郵船會社，但岩崎彌太郎未見其實現即已病逝。由弟岩崎彌之助繼其業，發展成為三菱財閥。

■五代友厚：明治前期的政商家

五代友厚（1835-1885），實業家。通稱德助，號松陰，薩摩藩士出身。1857 年遊學長崎，1859 年受藩主密令渡航上海，目睹西方列強操控下的中國社會，加深了對世界形勢的認識，提倡日本開國。1863 年，五代友厚在薩英戰爭中被捕。1865 年，他與寺島宗則率留學生旅歐，購買西洋兵器、船舶和紡織機械等，與法國人締結設立商社契約和開發藩產業的計劃。1886 年回國，計劃建立以薩摩、長州為中心的全國市場，參加倒幕運動。

維新之初，五代友厚在大阪任外國事務局判事、大阪府判事等職，實際上掌握了以大阪為中心的外交和貿易事務。1869 年辭官，從事實業，與大久保利通關係密切，成為從政府取得特權的政商。1878 年設立大阪股票交易所、大阪商法會議所，任會長。1880 年設立大阪製

銅所，創辦大阪高等商業學校。

1881 年，五代友厚建立關西貿易會社，從事北海道開拓事業，其間發生開拓使出售官產事件。1882 年修建阪堺鐵路，為大阪近代化企業奠定基礎，居於關西財閥的領導地位，是政商與藩閥政府結合的典型代表。

■大倉喜八郎：大倉財閥創辦人

大倉喜八郎（1837-1928），實業家。生於越後（今新潟縣）的豪商家庭。1854 年在江戶開店，為鐵炮輸入商。在 1868 年戊辰戰爭中，為官軍御用商人，獲得巨利，後從事貿易、土木和旅館等多方面經營。1872 年赴歐美考察商業，歸國後設立大倉組商會。1886 年設立東京電燈會社，次年設立內外承包會社。

1893 年，大倉喜八郎將大倉組商會與內外承包會社合併，改組為大倉組，經甲午戰爭、日俄戰爭，於 1911 年設立株式會社大倉組，形成大倉財閥。嗣後設立大倉商事、大倉土木、大倉礦業，並稱大倉的三大會社，與中國合辦本溪湖煤礦公司，向中國東北進行資本輸出。1898 年，創辦大倉商業學校（現為東京經濟大學）。大倉喜八郎與澀澤榮一設立東京商法會議所，並於 1899 年任副會長。

■淺野總一郎：一戰時期日本的「水泥王」

淺野總一郎（1848-1930），實業家。富山縣人。1871 年進東京，以賣一分錢一杯的糖水開始，後來經營煤炭、瀝青的買賣。1884 年得澀澤榮一的幫助，以低價購得官營深川水泥廠。其後成立淺野水泥會社，不斷發

展，在第一次世界大戰時成為日本的「水泥王」，確立了水泥業的壟斷地位。

淺野總一郎得安田善次郎協助，填平鶴見、川崎海岸，奠定了現時京濱工業地帶的骨架，並開設了通往美國舊金山的航路。又與安田財閥結合，向重工業發展，建立包括日本鋼管公司等企業在內的淺野財閥，第一次世界大戰後成立持股公司淺野同族會社。淺野財閥的特點是本身沒有銀行，利用與澀澤榮一的個人關係，並與安田財閥結合，獲得貸款。1920 年有直接關係的會社，多達三十六個。

■益田孝：創立三井物產會社

益田孝（1848-1938）是明治及大正時期的實業家。號鈍翁，生於佐渡（今屬新潟縣管轄）藩士的家庭。1863 年隨幕府使節赴法國，明治維新後入大藏省（財政部）任造幣權頭。1873 年，益田孝隨大藏大輔井上馨辭職，參與創立先收會社，任副社長。

1876 年，益田孝創立三井物產會社，任社長，致力於三井財閥的發展。他主張向中國擴張勢力，辛亥革命期間甚至企圖乘機收買中國東北領土地。1913 年，益田孝與森格、澀澤榮一等設立中國興業株式會社（後來改稱日中實業株式會社），作為對華投資機構。此外，他還參與設立商法講習所等機構，推進商業教育。益田孝也是近代日本茶人代表之一，並為著名的古美術品收藏家。

■團琢磨：三井財閥首腦

團琢磨（1858-1932），實業家。福岡藩士出身。1871

年隨岩倉使團赴美留學，1878 年回國後，任東京大學副教授。1884 年入工部省，任三池煤礦技師。1888 年，三池煤礦轉歸三井後，團琢磨任事務長；1909 年三井合名會社成立時，任參事。

1914 年，團琢磨接替益田孝任三井合名會社理事長，統轄三井系統各企業，並作為財界巨頭，任日本工業俱樂部理事長、日本經濟聯盟會會長、國際經濟團體日本代表等職。1928 年授予男爵。1929 年反對制定工會法。1932 年遭血盟團成員菱沼五郎暗殺。

■豐田佐吉：發明家和實業家

豐田佐吉（1867-1930），生於靜岡縣一個木工家庭。他立志改善家庭紡織品，1897 年發明日本最早的動力紡織機──豐田式木製動力紡織機。經進一步研究和改進後，1926 年製成自動紡織機，在國內外獲得許多專利權，對紡織業的發展作出了貢獻。

木製動力紡織機發明後，受到三井公司的重視，1907 年根據三井的建議，開辦豐田式紡織機公司。其後辭職，1918 年獨自創辦豐田紡織股份公司，在第一次世界大戰期間獲取巨利，開始在國外發展。1921 年於上海設立豐田紡織廠，1926 年建立豐田自動紡織機製造廠。豐田佐吉去世後，該廠於 1936 年開始製造汽車，1937 年單獨建立豐田汽車工業公司。

第五章

學術與文化

明治維新從政權的更替開始，擴大至外交與憲政，其間思想與文藝起了啟蒙和推廣的作用，軍事與實業成為一連串變革的兩大支柱。明治初年的種種措施，促進了社會的發展，文教學術相應達成全面現代化和知識專業化，使明治時代呈露了多元並進的樣相。

首先，是醫藥與科學。北里柴三郎發現破傷風的血清療法，志賀潔發現赤痢菌，野口英世以培養梅毒螺旋菌、研究黃熱病知名，秦佐八郎協助共同發明治療梅毒特效藥，鈴木梅太郎發現維他命 B1；伊藤圭介編《日本產物誌》聞名國際，長岡半太郎被譽為「日本的牛頓」，池田菊苗發明味之素，使用甚為廣泛。凡此皆其犖犖大端，足以說明近代日本自明治以來的理科成就。

明治時代建立國家神道，第二次世界大戰後不復存在，而以神社神道（祭祀神道）和教派神道（宗教神道）的形式流傳，至今是日本信徒人數最多的宗教。明治初年一度出現廢佛毀釋運動，不久又加以扶植；佛教界本身為了適應時代和社會發展，進行了一些改革，而有佛教復興運動。基督教信眾不多，在知識界影響較大。

日本自古以來受中國文化熏陶，儒學的力量不可忽視，日本哲學界多致力於儒學、佛學與西方哲學

的比較及融和，東西文化兼容。井上哲次郎、井上圓了、西田幾多郎等的哲學體系，均各有其特色。

　　報刊、圖書的出版發行是近代日本文化的特色之一，報人的評論、史學家的著作等足為代表。由岸田吟香至德富蘇峰，反映了報界言論的變化；文明史學、民間史學、實證史學，是明治時代的三大學派，白鳥庫吉、內藤湖南是東洋史學兩大家，津田左右吉的史學在近代日本尤具代表性。

表十三　明治時期創辦的重要報刊

年份	報刊名稱	中心人物
1870	《橫濱每日新聞》	島田三郎
1872	《東京日日新聞》	福地源一郎
1872	《郵便報知新聞》	栗本鋤雲
1874	《讀賣新聞》	子安峻
1874	《明六雜誌》	森有禮等
1879	《（大阪）朝日新聞》	村山龍平
1879	《東京經濟雜誌》	田口卯吉
1881	《東洋自由新聞》	中江兆民
1882	《時事新報》	福澤諭吉
1882	《自由新聞》	板垣退助
1887	《國民之友》	德富蘇峰
1888	《日本人》	三宅雪嶺
1890	《日本》	陸羯南
1890	《國民新聞》	德富蘇峰
1892	《萬朝報》	黑岩淚香
1903	《（周刊）平民新聞》	幸德秋水

5.1 中江兆民:「東洋之盧梭」

1. 致力傳播法國學術和思想

中江兆民（1847-1901），明治時期思想家、評論家。名篤介，別號青陵、秋水。土佐藩人，早年在土佐藩校文武館學漢文。1871 年（明治四年）留學法國，1874 年回國後辦法學塾；翌年任東京外國語學校校長和元老院權少書記官，至 1877 年辭去官職，專心經營法學塾，致力法國學術的傳播和普及。

1881 年（明治十四年），中江兆民任西園寺公望創辦的《東洋自由新聞》主編。次年創辦《政理叢談》（後來改名為《歐美政理叢談》），在該刊連載《民約譯解》，介紹十八世紀法國啟蒙思想家盧梭（Jean Jacques Rousseau, 1712-1778）的天賦人權論等學說，對知識青年影響頗大，因而有「東洋之盧梭」的稱號。

1887 年（明治二十年）出版的《三醉人經綸問答》，對當時自由民權運動所面臨的複雜和矛盾，中江兆民表明了他充滿著苦惱的情緒，政府則據《保安條例》把他放逐到大阪。其後，中江兆民擔任大阪《東雲新聞》主編，在報上發表〈新民世界〉一文，是日本真正倡導部落解放論的文章。

1889 年（明治二十二年），中江兆民當選為第一屆眾議院議員，但憤於土佐派背信棄義，因而辭職，赴北海道任《北門新報》主編。後來進入實業界，但沒有成功。1900 年參加近衛篤麿等組織的國民同盟會，傾向於國家主義。逝世前在病床上寫成《一年有半》及《續一年有半》。著作編為《兆民文集》、《兆民選集》及《中江兆民集》。

2.《三醉人經綸問答》

中江兆民把他四十年來的思索和體驗，寫成《三醉人經綸問答》，是近代日本充滿了理想與苦惱的青春期的古典作品，他在出版此書的時候且投身政治運動。此書企圖讓日本國民認識到當時的困難，然後共同去探討日本的出路。發表議論的酒客，一個是代表西洋近代民主主義思想的「洋學紳士」，一個是代表擴張的國權主義的「東洋豪傑君」，另一個是代表現實的改良主義的「南海先生」。洋學紳士主張民約憲法、普選及一院制議會，但東洋豪傑君認為洋學紳士自由、平等、博愛的理想和非武裝論，都是空談，應該在強有力的君主制度下擴充軍備，侵略他國，以達到本身的富強；而南海先生則倡議和平外交及防衛本位的國民軍構想，主張在大眾支持下向立憲制推進。

究竟三人之中，誰是中江兆民思想的代表呢？在法國學方面卓有成就的桑原武夫指出，三個人身上都有中江兆民的影子，這樣考慮可能比較適當。無論如何，此書對於了解明治時期的日本是很有意思的。有人視此書為中江兆民一時遊戲之作，其洞察力之銳利不愧為一流的思想作品。

3. 中江兆民與日本報刊

中江兆民最早投身報界，是在西園寺公望創辦的《東洋自由新聞》任主筆，負責社論，以銳利的筆鋒宣傳自由民權思想。該刊後來遭到藩閥政府的干預，以明治天皇的敕命逼使西園寺公望辭去社長職務，報紙隨而停刊。

1882 年 2 月，中江兆民創辦《政理叢談》（半月刊），介紹法國的民權思想。同年 6 月，自由黨機關報《自由新聞》創刊時，中江兆民參加了報社，並為《自由新聞》撰寫社論。

1888 年 1 月，中江兆民與栗原亮一等人在大阪創辦《東雲新聞》；次年 4 月，中江兆民在東京擔任大同團結運動機關報《政論》（日刊）的主筆。其間經常往返於東京、大阪兩地之間，在新聞陣地上充當下層民眾的喉舌。大同團結運動分裂後，1890 年 10 月，中

江兆民主編《自由新聞》（第二次），次年又主編《立憲自由新聞》。

1891 年 3 月，中江兆民主編《自由平等經綸》（半月刊）；同年 6 月，又主編《民權新聞》（日刊）。8 月，去北海道擔任《北門新聞》主筆。1898 年 1 月，中江兆民組織國民黨，出版機關刊物《百零一》（月刊），但只出版四期便停刊了。他一生的活動和言論，幾乎是與報業相始終的。

4. 中江兆民的後期思想

中江兆民的著作，還有《國會論》（1887）、《選舉人的覺醒》（1889）、《憂世慨言》（1889）、《放言集》（1891）等。《一年有半》寫出他對時代的看法和批判，《續一年有半》則寫「無神無靈魂」的唯物哲學思想，二書由幸德秋水整理，於 1901 年出版。中江兆民從無神論的觀點出發，來展開自己的唯物主義哲學思想。

總而言之，中江兆民從哲學上概括了自由民權的理論，對於社會主義思想後來在日本的發展，具有承先啟後的作用，日本學界稱之為「中江主義」。由於日本當時的時代和環境，他的思想是處於形而上學的唯物主義發展水平。吳藻溪譯《一年有半・續一年有

半》和滕穎譯《三醉人經綸問答》，由北京商務印書
館先後於 1979 年和 1992 年出版。

【人物群像】

■植木枝盛：自由民權運動的理論指導者

植木枝盛（1857-1892），土佐藩藩士。1874 年，在
明六社受到啟蒙思想的影響。他聽了板垣退助的演講
後，立志從事政治。1877 年（明治十年）創辦《海南雜
誌》、《土陽雜誌》，後挺身要求成立國會的運動。1878
年協助板垣退助重建愛國社，1880 年組織國會期成同
盟。1881 年參與籌建自由黨，同時致力於組織地方民會
和酒業會議。他作為自由黨幹部，採取合法主義路綫，
起草《立志社建議書》、《日本國憲法草案》及《飯田事
件檄文》等。

植木枝盛另外寫了很多著作，包括《民權自由論》、
《天賦人權辯》、《一局議院論》等，發揮了理論家的才
能。在 1890 年第一屆大選中，植木枝盛當選為議員，但
他加入土佐派議員的行列，與藩閥政府妥協而退黨，被
指責是一種背叛民黨的行為。

■志賀重昂：地理學家和政論家

志賀重昂（1863-1927），號矧川，愛知縣人。札幌
農學校畢業，留校任教。1886 年到南洋群島各地旅遊，
次年出版《南洋事情》。1888 年與三宅雪嶺等成立政教

社，創辦《日本人》雜誌，發表〈保存國粹旨義〉，宣揚國粹主義。

1896 年，志賀重昂任進步黨名譽幹事；次年，任農商務省山林局長。1902 年起，兩次當選眾議員。日俄戰爭時參軍，其撰的《旅順攻圍軍》於 1912 年出版。

1910 年，志賀重昂三次遊歷世界各地。後為早稻田大學教授，講授地理學，被推舉為巴西地學協會和英國皇家地學協會的名譽會員。著《世界山水圖說》、《沒有被認識的國家》、《日本風景論》等，有《志賀重昂全集》八卷。

■橫山源之助：社會問題研究家

橫山源之助（1871-1915），號天涯茫茫生。生於富士縣。英吉利法律學校（中央大學前身）畢業。他受到二葉亭四迷和川島浪速等的影響，關心社會問題。1894 年（明治二十七年）進每日新聞社，發表〈社會採訪〉、〈足利紡織業地區視察〉和〈大阪神戶地區勞動情況調查〉等報告，同時也給《勞動世界》撰稿。

1900 年，橫山源之助任農商務省「囑托」，負責調查職工狀況。後以文筆為業，曾想去巴西旅行，視察移民情況。代表作有 1899 年出版的《日本之下層社會》，具體記述東京的貧民、工匠、手工業者、工人、佃農等的實況。此外，還有《內地雜居後之日本》。

■陸羯南：評論家和思想家

陸羯南（1857-1907），原名中田實。青森縣人。曾就讀於司法省法學校，因學校動亂而退學。後為官吏，

由於反對為修改不平等條約而推行的歐化主義政策，辭去官職。1888 年（明治二十一年）創辦《東京電報》，翌年停刊，另辦《日本》報，自任社長兼主編，發表文章進行論戰，成為新聞界的重要人物。

陸羯南提倡以平民為基盤的、從下而上的國民主義，鼓吹在政治、經濟、文化各方面進行自主性的改革，試圖調和國民的統一與國家的獨立，強調政治的道德性，對政治進行尖銳的批判，是明治中期代表健康的民族主義思想家，著有《近時政論考》、《原政》等。

■三宅雪嶺：人物和社會的批評家

三宅雪嶺（1860-1945），新聞記者、評論家。原名雄二郎。生於石川縣一個醫生家庭。1883 年畢業於東京大學哲學科，對藩閥政府的專制傾向和歐化主義，都持批判態度。1887 年任東京專門學校（早稻田大學前身）講師，次年參加政教社，出版《日本人》雜誌，後又主編《亞細亞》、《日本及日本人》、《我觀》等雜誌，宣揚國粹主義。1943 年獲文化勳章。

三宅雪嶺善寫人物評論和社會評論，著有《真善美日本人》、《偽惡醜日本人》、《我觀小景》、《宇宙》、《明治思想小史》和《明治時代史》六卷。三宅雪嶺之妻龍子（1868-1943 年），號花圃，是詩人、小說家，常為《文學界》、《太陽》、《文藝俱樂部》等刊物撰稿，在文壇上頗有盛名。

■德富蘇峰：「明治之青年」

德富蘇峰（1863-1957），報人、評論家。原名豬一

郎。熊本縣人。曾就讀於熊本洋學校，參加花岡山盟約。後在同志社學習，中途退學。1886年（明治十九年）以〈將來之日本〉一文登上文壇，同年創辦民友社。1887年創辦《國民之友》，1890年創辦《國民新聞》，提倡平民主義。德、法、俄三國干涉日本，迫日本歸還遼東半島給中國時，德富蘇峰轉向帝國主義的國家主義，在政治上與桂太郎勾結。1911年成為貴族院敕選議員。日比谷燒毀事件和大正政變時，報社遭到襲擊和燒毀。桂太郎死後，德富蘇峰退離政界，專門從事著述活動，1929年（昭和四年）因經營不振，脫離民友社。

德富蘇峰由於懷有皇室中心主義和國家主義思想，九一八事變後，在日本建立戰時體制的過程中，與軍部勾結，1942年任大日本言論報國會會長。1945年日本戰敗投降後，受到褫奪公職處分，於是投入文筆生活，所著《近世日本國民史》一百卷，自1918年開始執筆，至1952年完成。

德富蘇峰於1884年自費出版《論明治廿三年以後政治家之資格》，次年刊行《第十九世紀日本之青年及其教育》（後增補改題為《新日本之青年》），宣稱「天保之老人」的時代已結束，而稱他自己的世代為「明治之青年」，認為他們才是進步的原動力。這位「明治之青年」的漫長一生，經歷了明治、大正、昭和前期三個時代至戰後初期，而且以言論出版和著述活動貫徹其生涯，著作之多在近代日本史上稱冠，讀者眾多，例如1893年出版的《昭和國民讀本》，刊行三個月即銷五十萬冊，累計一百數十萬冊，對當時的日本國民影響甚大。

德富蘇峰之弟德富蘆花（1869-1927）是小說家，初

時在其兄經營的民友社從事翻譯工作，後來兄弟意見分歧，斷絕來往。他的作品有廣泛的社會性，晚期傾向自傳性和自白性。有自傳《富士》四卷。

5.2 內村鑑三：「兩個 J 主義」

1. 日本基督教運動的代表人物

內村鑑三（1861-1930），宗教活動家。高崎（今群馬縣）藩士出身，生於江戶。學生時代加入基督教。札幌農學校畢業後，入農商務省供職。1884 年赴美國留學，就讀於阿麻斯特大學。1888 年回國後，任第一高等學校教師。1891 年因拒絕向《教育敕語》行禮而被解職，史稱不敬事件。

1897 年，內村鑑三擔任《萬朝報》記者，揭露了足尾礦山排毒事件。1903 年因反對日俄開戰，與幸德秋水、堺利彥等退出該報。後來主辦名為《聖書之研究》的雜誌，宣傳和平及基督教，其重要主張是「兩個 J 主義」，即同時效忠日本（Japan）和耶穌（Jesus Christ）。這對部分知識人士產生頗大影響，有藤井武、塚本虎三、矢內原忠雄等都是他的弟子。

內村鑑三主張無教會主義，提倡只信仰《聖經》，而不應從屬於特定教派或神學。著《基督信徒的安慰》和《求安錄》等，編為《內村鑑三全集》四十卷（東京：岩波書店，1980-1984）。

2. 內村鑑三的主要著作

不敬事件發生後，內村鑑三的妻子病逝，他在貧困和窘迫的環境下埋頭寫作。1893 年出版《基督教徒的慰藉》，同年發表〈呈文學博士井上哲次郎君的公開信〉，反駁在「教育與基督教的衝突」論爭中，責難基督教的井上哲次郎。接著又出版了《求安》，這是他的代表作之一。

內村鑑三又以英文出版了《代表的日本人》（*Japan and Japanese*）和《我是如何成為基督教徒的》（*How I become a Christian*），他的部分著作，有德文版、芬蘭版、瑞典版和丹麥版，日文版遲至 1935 年才有單行本，1938 年收入《岩波文庫》後，纔廣泛為日本人閱讀。

內村鑑三為他自己寫了以下幾句墓誌銘：

I for Japan

Japan for the Wortd

The Wortd for Christ

And All for God

譯成中文，就是：「我為日本，日本為世界，世界為基督，而一切都為上帝。」他強調愛國家和宗教信仰，兩者並不相悖。作為國家主義潮流的反響，是頗有時代意義的。

【人物群像】

■堺利彥：社會活動家

堺利彥（1870-1933），思想家。號枯川，生於福岡縣。肄業於第一高等學校，後來任地方報紙記者。1899年（明治三十二年），任《萬朝報》記者，與幸德秋水、內村鑑三等交往甚密，接近社會主義。1903年，堺利彥與幸德秋水共同創辦《平民新聞》，反對日俄戰爭，主張非戰論，1906年參加創建日本社會黨，1908年因赤旗事件入獄。在他服刑的兩年間，以大逆事件為開端，日本政府對社會主義的鎮壓日趨嚴重。

堺利彥出獄後，經營賣文社，面臨「嚴冬時代」，在社會主義者之間竭力進行聯繫工作。1915年（大正四年）創辦《新社會》月刊，1920年組織社會主義同盟；1922年參加創建日本共產黨，翌年因第一次共產黨事件株連下獄。1926年再次入獄，出獄後主張解散黨組織，轉向社會民主主義。1927年（昭和二年）任日本大眾黨中央委員，1929年當選為東京市會議員。1931年反對

九一八事變，任全國勞農大眾黨反戰委員會委員長，號召反對帝國主義戰爭。後因腦溢血去世。著《堺利彥自傳》，收於《堺利彥全集》六卷之中。

■幸德秋水：社會主義運動先驅者

幸德秋水（1871-1911），思想家。本名傳次郎，號秋水。生於高知縣的一個沒落商人家庭。少年時代參加自由民權運動，成為中江兆民的門徒。先後任《萬朝報》、《自由新聞》、《中央新聞》記者，宣傳自由民權思想。其後加入社會主義研究會，並參加組織社會民主黨。1903 年，幸德秋水與堺利彥首次在日本翻譯《共產黨宣言》，並在《平民新聞》上發表。後來《平民新聞》被查封，幸德秋水被捕入獄。

幸德秋水出獄後，於 1905 年流亡美國，接受了無政府主義思想。1906 年回國，主張直接行動論，對大杉榮、荒畑寒村、山川均等人，都有很大影響。1909 年，創辦《自由思想》雜誌，次年，桂內閣與司法機構製造大逆事件，幸德秋水被捕入獄，1911 年初被判處死刑。著有《二十世紀的怪物：帝國主義》（1901）、《社會主義神髓》（1903）等。有《幸德秋水選集》三卷、《幸德秋水全集》十一卷。

■井上圓了：倡導佛教哲學

井上圓了（1858-1919），思想家。號甫水，新潟縣人。早年就學於東本願寺教師學校。1885 年東京大學哲學科畢業。力圖東洋學之興隆，及佛教之革新。1887 年創建哲學館（今東洋大學），刊行《哲學會雜誌》（後改

名《哲學雜誌》）。次年，與三宅雪嶺、島地默雷等創建政教社，1891 年組織妖怪學研究所，倡導打破民間的迷信，編著《妖怪學講義錄》。

1903 年，井上圓了創立哲學堂，祀釋迦、孔子、蘇格拉底、康德，試圖融合西洋哲學與佛教，強調哲學的實踐道德化。1919 年赴中國旅行，客死於大連。著作甚多，代表作有《真理金針》、《佛教活論》等。早在晚清時期，蔡元培翻譯和出版了《妖怪學講義‧總論》。

哲學方面，井上圓了著有《哲學一夕話》、《哲學要領》、《純正哲學講義》，集哲學大成的著作是《哲學新案》，系統地論述了井上圓了的純正哲學體系。他試圖綜合東西方哲學，對明治哲學的形成和發展產生了重要影響；他的佛教哲學化方向，也為日本佛教的近代化作出了貢獻。

■井上哲次郎：強調國民道德教育

井上哲次郎（1855-1944），哲學家、文學博士。號巽軒，福岡縣人。1880 年畢業於東京大學，1882 年任該校副教授，編輯出版《哲學字匯》和《西洋哲學講義》，是日本最早的哲學辭典和著作。1884 年至 1890 年留學德國，回國後任東京大學哲學系教授，致力於介紹德國唯心論哲學，提倡現象即實在論，試圖建立包括東西思想在內的哲學體系。

1891 年，井上哲次郎發表《敕語衍義》；1893 年發表《教育與宗教的衝突》，強調國民道德教育的重要性。1897 年至 1904 年，任文科大學學長。1916 年起，任日本哲學會會長。1925 年任大東文化學院總長兼貴族院議

員，及國際佛學會、素行會的會長。翌年因筆禍事件，辭去一切公職。

井上哲次郎晚年潛心研究日本儒學，著有《日本陽明學派之哲學》、《日本朱子學派之哲學》、《日本古學派之哲學》，以上三書，被稱為日本儒學研究的三部作。其他著作，有《井上博士講論集》二卷及《巽軒論文集》二卷。德國傳教士羅布存德（William Lobschied）編著《英華字典》，1866年至1869年在香港出版。井上哲次郎增訂此一重要的工具書，請張之洞作序，1900年由日本善鄰譯書館出版，成為很多現代日語詞匯的出處。

■西田幾多郎：日本哲學之路

西田幾多郎（1870-1945），哲學家、文學博士。石川縣人。東京大學哲學科選科畢業，任教山口高等學校、第四高等學校、學習院等校，1910年調任京都帝國大學教授，至1928年退休。現時京都市內有一條「哲學之路」，就是記念他當年在大學任教時，每天從住宅往返大學所經的路線，一邊踱步一邊思考哲學問題。

1911年，西田幾多郎發表他的第一部著作《善之研究》，以後逐步建立具有獨自體系的「西田哲學」，形成京都學派。西田哲學是以東方佛教思想為基礎，西方哲學思想為材料，用西方邏輯建立起來的一種東方哲學，被評為最初的、唯一的日本哲學，至今仍有巨大影響。1940年獲文化勳章。著作編為《西田幾多郎全集》十九卷。

《善之研究》收入西田幾多郎的四篇文章，依次是〈純粹經驗〉、〈實在〉、〈善〉、〈宗教〉，被認為是明治

以來日本最有價值的哲學著作。1929 年，上海開明書店出版了魏肇基的中譯本；其後又有何倩的中譯本，1965年由北京商務印書館出版。

5.3 北里柴三郎：著名的細菌學家

1. 醫學方面屢有發現

北里柴三郎（1853-1931），生於熊本藩。1871 年入熊本的醫學所病院學醫，1875 年進入東京醫學校（東京大學醫學部前身），1883 年畢業後，在內務省衛生局就職。1885 年赴德國留學，師事著名細菌學家科赫（P. Koch）；與細菌學家貝林（Behring）合作，於1889 年成功培養破傷風菌，次年發現破傷風菌的免疫體（抗毒素），並發明血清療法。1891 年發明白喉的血清療法。同年，北里柴三郎獲日本文部省授予醫學博士學位，普魯士政府授予教授稱號，在國際醫學界聞名。

1892 年，北里柴三郎回國，任傳染病研究所所長，繼續從事細菌學和傳染病的研究。1894 年 5 月，香港爆發疫症，迅速蔓延，香港宣佈為疫埠。港府曾

一度向亞洲的醫生求助，但不成功。北里柴三郎應邀與兩個同僚來港，參加撲滅瘟疫工作。他到香港後，極力勸喻居民不要飲用生水，不要吃生冷食物，後來發現瘟疫病菌，原來疫症是由老鼠傳播，解開了歐洲曾有的黑死病就是鼠疫的發病原因。他的一位同僚青山胤通不幸在香港染病去世。

2. 創立北里研究所

1899 年，傳染病研究所改為國立，並由內務省主管。1915 年，大隈重信內閣以行政整頓為名，突然宣佈國立傳染病研究所劃歸文部省主管，並附屬於東京帝國大學。北里柴三郎反對，因而辭職，與原研究所大部分成員一起創設北里研究所，擔任所長。研究所的宗旨是進行基礎醫學研究和培養醫學人材，1918 年成為社團法人。

1917 年，北里柴三郎任應慶大學醫學部首任部長；同年，任貴族院議員。1923 年創辦日本醫師會，任首屆會長；次年獲推選為帝國學士院會員，同年封男爵。此外北里柴三郎還是英國皇家學士院會員，美國和德國有關學會的名譽會員。

第二次世界大戰後，北里研究所迅速發展，以該研究所為母胎建立北里大學，包括醫學部、藥學部、

衛生學部和畜產學部。原北里研究所建築拆卸後，運到名古屋的明治村重組，作為文物保護，供遊客參觀。

明治村位於愛知縣犬山市，集中保存明治時代具有代表性的建築物。這個野外博物館創立的緣起，是建築家谷口吉郎提出的，他眼見明治建築物逐漸消失，深感可惜，因而建議把拆卸的建築物，遷移到另一處加以保存。名古屋鐵道社社長土川光夫大力支持，於是著手進行，於 1965 年開館。當中有屬於國家級的文物，亦有西式小學校舍、夏目漱石故居、西園寺公望的坐漁莊、帝國飯店部分建築等。

【人物群像】

■志賀潔：醫學家和細菌學者

志賀潔（1871-1957），生於仙台。本姓佐藤，後過繼給母家。1896 年畢業於東京帝國大學後，進入傳染病研究所，並在北里柴三郎的指導下研究細菌學，1898 年發現赤痢菌。1901 年至 1905 年間在德國留學，從事免疫學、血清學等方面的研究。

1914 年，因傳染病研究所移交東京大學，志賀潔與北里柴三郎一起辭職，次年共同創立北里研究所，任第一部長，從事結核病及其化學療法的研究。1920 年

任慶應大學醫學部教授，同年被任命為朝鮮總督府醫院院長，並兼京城醫學專門學校校長。1926 年任京城帝國大學教授、醫學部部長，後任校長。1944 年獲頒文化勳章，1948 年成為學士院會員。

■秦佐八郎：細菌學家和醫學博士

秦佐八郎（1873-1938），生於島根縣。原姓山根，後來成為秦家的養子。1895 年畢業於第三高等學校，1898 年入傳染病研究所，在北里柴三郎的指導下，從事細菌學研究。1904 年至 1905 年，作為負責檢疫的軍醫，參加日俄戰爭。

1907 年，秦佐八郎赴德國留學，在科赫研究所學習免疫學。1909 年進入法蘭克福皇家實驗治療研究所，與埃爾里希（P. Ehrtich）合作，研究梅毒的化學療法，並於 1910 年發明治療梅毒的特效藥，名為洒爾佛散（中文譯作惜花散），即六〇六。

秦佐八郎於 1910 年回國，1912 年成為醫學博士。1914 年，進入新成立的北里研究所。1920 年任慶應義塾大學醫學部教授，講授細菌學。1933 年當選帝國學士院會員，1934 年以深達性消毒藥的研究獲淺川獎。

■野口英世：醫學家和細菌學家

野口英世（1876-1928），幼名清作，生於福島縣。1897 年入濟生學舍學習醫學，同年通過醫術開業考試。1898 年進入傳染病研究所，師事北里柴三郎，研究細菌學。1900 年赴美國，從事蛇毒研究。1903 年赴丹麥留學，次年在美國洛克菲勒醫學研究所任職，並從事狂犬

病、小兒痲痺症等的研究。1911年成功培養了梅毒病原的螺旋狀菌，1913年確定痲痺性癡呆等疾病起源於梅毒。

1915年，野口英世獲帝國學士院獎；同年短期回日本後，又赴美國。1918年，赴厄瓜多爾研究黃熱病。1923年，獲選為帝國學士院會員。1927年，野口英世赴非洲進行黃熱病研究；次年受到病毒感染，在阿克拉（現加納首都）去世。他主要的成就，是在蛇毒研究等方面。

■長岡半太郎：日本物理學奠基者之一

長岡半太郎（1865-1950），生於長崎縣。東京帝國大學理學部物理學科畢業，1890年任帝國大學副教授。1893年因磁氣歪現象的研究，獲理學博士；同年留學德國，1896年回國後在母校任教授。1917年，任理化學研究所所長及物理學部長，至1926年退休。1931年任大阪帝國大學首任校長，1934年為貴族院議員，1937年獲第一次文化勳章，1939年任帝國學士院院長。

長岡半太郎的研究範圍，涉及磁性物理學、光譜學、數學物理學、地球物理學等。1903年，先於拉瑟福德提出有核原子模型的理論。1924年從光譜學出發，提出獨創的核結構理論。戰時曾協助仁科芳雄研究各種武器，戰後研究地球物理學。

■田中館愛橘：物理學家

田中館愛橘（1856-1952），生於岩手縣福岡町。1882年東京帝國大學理學部物理學科首屆畢業生，留校

任教。1889 年至 1891 年留學英德兩國，回國後獲物理學博士。1891 年至 1917 年，任東京大學教授。

1891 年名古屋地區大地震，田中館愛橘成為預防震災調查會的中心人物，在日本全國進行地磁測定。他對航空地學科，也進行了開拓性研究。1907 年成為萬國度量衡委員，積極推行米制。同時，他還熱心提倡日語羅馬字拼音。1925 年任貴族院議員。1944 年獲頒文化勳章。

■大森房吉：日本地震學研究的創始者

大森房吉（1868-1923），地震學者。生於福井縣。1890 年東京帝國大學物理學科畢業。1891 年參加濃尾（今愛知岐阜附近地區）大地震調查，致力於地震學研究。1894 年赴意大利、德國留學，1897 年回國後，任東京帝國大學教授，並兼任震災預防調查會幹事，其後擔任會長。1906 年，大森房吉成為帝國學士院會員。大森房吉發明了觀察初期微動和震源距離的大森公式和大森式地震計，還發現地震帶；此外，還進行火山、海嘯等的觀測和研究。參與設立萬國地震協會。著作有《地震學講話》、《日本噴火志》等。

■伊藤圭介：博物學家

伊藤圭介（1803-1901），蘭方醫、植物學者。生於尾張藩（在今名古屋）町醫家庭。初時跟隨本草家水谷豐文學習，1827 年到長崎師事德國人西博爾德（Siebitd Phitipp Franzvon），編譯所贈瑞典人桑伯格著《日本植物志》，於 1829 年刊行，題為《泰西本草名疏》，附有林奈的《植物分類法》，並創造了至今仍被使用的學術用語，

如花粉、種、屬等。1861 年，任職於江戶幕府蕃書調所。

1881 年，伊藤圭介任東京帝國大學教授。1888 年，成為日本第一批理學博士之一。著有《日本產物志》、《日本植物圖說》、《花史雜記》等。

■池田菊苗：味之素的發明者

池田菊苗（1864-1936），化學家。生於京都。1889 年畢業於東京帝國大學，留學德國，後來成為東京帝國大學教授。1908 年，池田菊苗從海帶等水產物和植物蛋白質中提取穀醯胺，並經過合成，發明並製造出谷氨酸鈉（即味精）。這種白色的結晶體被命名為味之素，進入家家戶戶之中，成為食物調味料，並廣傳至海外。

除了味之素，池田菊苗還成功地進行了二十多種試驗和發明。他積極參與 1917 年理化學研究所的創設，其後建立了池田研究室。

■鈴木梅太郎：著名的農藝化學家

鈴木梅太郎（1874-1943），出生於靜岡縣農家。1896 年東京帝國大學農學科畢業，1901 年獲農學博士學位；後赴歐洲留學，在德國柏林大學師事費謝爾（E. Fisher），從事蛋白質研究。回國後，於 1907 年任東京帝國大學教授。

1910 年，鈴木梅太郎從米糠中成功抽出維生素 B1，名為「米糠素」，並據此確立維生素學說的基礎。他還在合成酒的發明製造、防腐劑水楊酸、香料及梅毒治療的洒爾佛散（惜花散，六〇六）等的工業生產方面，作出了成績和貢獻。又曾發表論文，題為〈關於白米作為

食品的價值及動物的類似腳氣的疾病〉，提出腳氣的病因是缺乏維生素 B1。

1917 年，鈴木梅太郎參與創設理化學研究所，任主任研究員，主持鈴木研究室。1924 年獲帝國學士院獎，任農藝學會首任會長。1937 年任「滿洲國」大陸科學院院長，1943 年獲文化勳章後去世。

■岡田武松：日本氣象學家

岡田武松（1874-1956），千葉縣人。東京帝國大學物理科畢業後，入日本中央氣象台工作。1904 年任預報科長，次年擔任日本海海戰的預報工作。1910 年著《梅雨論》，獲理學博士學位。

1920 年，岡田武松在神戶創辦海洋氣象台，任台長。1923 年至 1941 年間為中央氣象台台長，任內完善地震觀察網，設置山頂視測所，創辦測候技術官養成所（現時氣象大學的前身）。他很重視航空、農業氣象的觀察，奠定了日本氣象觀測的基礎。1931 年為帝國學士院會員。

1949 年，岡田武松獲頒文化勳章。他長期擔任日本海洋氣象學會會長，是日本氣象學研究的重要人物。著有《日本氣候論》、《理論氣象學》、《世界氣象史年表》等。

表十四　明治時期的醫學及自然科學家

姓名	領域	主要成就或著作
北里柴三郎	醫學、細菌學	發現破傷風的血清療法
志賀潔	醫學、細菌學	發現赤痢菌
野口英世	醫學、細菌學	成功培養梅毒病原體
秦佐八郎	藥學、細菌學	發明治療梅毒的特效藥
鈴木梅太郎	藥學、農藝化學	成功抽出維生素 B1
長岡半太郎	物理學	原表原子模型的理論
田中館愛橘	物理學、地震學	在全國進行地磁測定
大森房吉	地震學	發表大森公式
伊藤圭介	植物學	著《日本植物圖說》
池田菊苗	化學	發明味之素（味精）
岡田武松	氣象學	著《日本氣象學》
木村榮	天文學	發現緯度變化公式中的 Z 項

5.4 坪井正五郎：發現彌生式陶器

1. 推動日本考古學的發展

坪井正五郎（1863-1913），人類學家、考古專家。東京人。幕府蘭方醫坪井信良之子，帝國大學畢業。1884 年（明治十七年）在家鄉彌生町（今東京文京區）發現彌生式陶器（日文寫作土器），同年創立人類學會，1886 年任該學會會長，創辦《人類學會雜

誌》。1889 年赴英國留學。1892 年任東大教授，翌年擔當人類學講座。1899 年獲理學博士，1906 年為帝國學士院會員。其間進行足利古墳、西原貝塚等的發掘調查，推動日本考古學的發展。1911 年被派去歐美，進行學術考察。

1913 年，坪井正五郎作為日本代表，出席在俄國彼得堡舉行的第五次世界學士院聯合大會時病逝。著作有《人類學講義》等，編為《坪井正五郎集》兩卷。對於近代日本初期的考古學發展，坪井正五郎作出了重要貢獻。

2. 彌生時代的文化概況

彌生式土器是日本鐵器時代初期使用的陶器，因首先發現於東京都彌生町而得名。年代約為公元前三世紀至公元後三世紀，最早是在北九州出現，除北海道外，日本各地均有製作和使用。

彌生式土器的製作技巧，比在此之前的繩文（紋）式土器有很大進步，形制趨於一致，紋樣簡單，外形美觀，精製光滑，多呈紅褐色。使用陶輪進行生產，用高溫燒焙。種類明顯增多，具有實用性，例如蒸米飯用的甑、燒水用的甕、貯藏用的壺等。

後期彌生式土器，製作技術有進一步的發展，稱為土師器，是古墳時代至奈良、平安時代的素製陶

器。彌生式土器從遺址分佈來看，是以九州為中心，逐步向東傳播。使用彌生式土器的時代，稱為彌生時代，這時代的文化，就是彌生文化。根據器形變化，可分為前、中、後三個時期。

　　彌生時代最重要的進步，是農耕的產生和發展。與中國文化有密切的關係，水稻種植技術由大陸傳入，經濟活動由採集、漁獵轉為以農耕為主，青銅器和鐵製工具已經普及，紡織品亦較為普遍，織物是平織的麻布。社會組織方面，父權制取代了母權制，地緣之間的聯繫逐漸加強，各地都出現了以部落為基礎的村落。

表十五　明治時期重要的考古學家及歷史學家

姓名	領域	主要成就或著作
坪井正五郎	人類學、考古學	發現彌生式陶器
鳥居龍藏	考古學、人類學	中國東北等地的遺址調查
久米邦武	日本史	著《日本古代史與神道的關係》
那珂通世	東洋史	著《支那通史》
白鳥庫吉	東洋史	著《西域史上之新研究》
內藤湖南	東洋史	對中國史分期的獨特見解
坪井九馬三	歷史學	著《史學研究法》
田口卯吉	經濟學、歷史學	著《日本開化小史》
山路愛山	歷史學、評論	民間史學的開拓者之一
竹越與三郎	歷史學	民間史學的重要代表
津田左右吉	歷史學	日本上古史研究

【人物群像】

■鳥居龍藏：考古學家和人類學家

鳥居龍藏（1870-1953），德島縣人。他沒有受過正規的大學教育，曾在帝國大學人類學教研室得到坪井正五郎的指導，後來擔任室主任、副教授。長期從事調查研究，發表了許多關於中國東北、朝鮮、蒙古、東亞的考古和人類學調查報告，尤其著稱的，是中國東北從石器時代到漢代的遺址調查，蒙古地方的遼代文化研究，以及日本石器時代的阿伊努人研究等。

鳥居龍藏繼坪井正五郎之後，任東京人類學會會長，並親自創辦鳥居人類學研究所，成為日本人類學、考古學的主要奠基者。1938年起，應邀到中國燕京大學任教。1951年回國後，任上智大學教授。有《鳥居龍藏全集》十二卷。

■那珂通世：首創東洋史學科

那珂通世（1851-1907），歷史學家、文學博士。岩手縣人。南部藩士藤村政德之三男，藩校教授那珂通高之養嗣子。慶應義塾畢業，歷任東京女子師範學校校長、東京高等師範學校教授、東京帝國大學講師等職。1888年著《支那通史》，是中國通史方面的先驅著作。1894年首先創設東洋史學科，從事中國、日本、朝鮮古代史的比較研究。

1903年，刊行《那珂東洋小史》。1905年，那珂通世留學中國，研究元史和古代中日關係史。譯註《元朝秘史》，校訂《成吉思汗實錄》；他的《日本上古年代

考》，否定神武天皇即位紀年，認為是後世偽造。有《那珂通世遺書》。

東洋史學成立後，與國史學（即日本史學）、西洋史學鼎足而三，作為日本中等學校以至大學的歷史教學模式，直至現在。桑原騭藏在其《中等東洋史》的〈總論〉中說：「東洋史，是以東方亞細亞為主，闡明民族盛衰、邦國興亡的一般歷史，與西洋史相並立，構成世界的另一半。」

■白鳥庫吉：東洋史學家

白鳥庫吉（1865-1942），千葉縣人。東京大學畢業，學習院教授，後任東京大學教授。1901 年至 1903 年，留學歐洲。他用近代方法研究亞洲史，特別是中央亞細亞史、滿洲、蒙古民族的歷史和語言，富獨特性。1908 年（明治四十一年），幫助滿鐵設立滿洲地理歷史調查室。主持東洋文庫，致力收集資料，創辦學術雜誌《東洋學報》等，對東洋史學的發展貢獻很大。著作有《西域史上之新研究》、《神代史新研究》等。

白鳥庫吉是從朝鮮歷史的考據研究開始的，後來逐漸擴大到北方、西域的民族研究，繼而進入中國歷史研究，為歷史敘述提供可靠的史料基礎和事實基礎。他對中國本土漢民族思想文化的研究，是置於漢民族與周邊少數民族的關係中加以考察的。有《白鳥庫吉全集》十卷。

■內藤湖南：開創東洋史學的京都學派

內藤湖南（1866-1934），原名虎次郎。秋田縣人。

秋田縣立師範學校畢業，1887年在東京從事《明教新志》等編輯工作，曾任《日本人》雜誌、《亞細亞》雜誌編輯，和《大阪朝日新聞》、《台灣日報》、《萬朝報》等報刊的記者，到中國、朝鮮各地視察。其間，結識羅振玉、王國維等中國學者。1907年（明治四十年）京都大學開設東洋史講座時，應邀講授中國近世史。其學風與造詣，於東洋史學的發展有很大貢獻，他對中國史的分期有獨特見解，被稱為「內藤史學」。

1924年赴歐洲旅行，後得英、法資助，進行敦煌文書的調查工作，1926年被推為帝國學士院會員。著有《讀史叢錄》、《支那繪畫史》、《支那史學史》，日本史方面有《近世文學史論》和《日本文化史研究》等。輯為《內藤湖南全集》十四卷。

內藤湖南最具影響力的兩大理論，一是中國近世始於宋代說，二是文化中心移動說。前者把中國古代歷史分為上古、中世、近世三個時期，以及中間的兩個過渡階段，後者則總結中日文化歷史關係，認為中國歷史上的文化中心是不斷發展變遷的，並且向前移動。

■坪井九馬三：日本實證史學開拓者之一

坪井九馬三（1859-1936），歷史學家、文學博士。幼名久米吉，大阪府人。1881年和1885年，先後畢業於東京大學文學部和理學部。1887年留學歐洲，於柏林大學研究史學。1891年回國，任帝國大學講師、教授。1903年著《史學研究法》，介紹德國史學，致力建立日本實證主義史學研究法。學士院會員。除《史學研究法》外，還著有《最近政治外交史》、《西洋史要》等。

坪井九馬三曾任日本史學會評議長、日本考古學會會長。1895 年，東京帝國大學史學科增設「支那史學」專業，坪井九馬三長期講授「蒙古史」、「中亞細亞史」。1904 年至 1912 年，任文科大學學長。

■田口卯吉：主張開化史觀的學者

田口卯吉（1855-1905），經濟學家、歷史學家。名鉉，號鼎軒。生於江戶。早年學過蘭醫（西醫），就學於共立學舍；後入大藏省翻譯局學習經濟學及英語，1874 年畢業後在紙幣寮供職。1877 年，田口卯吉與詔間守一等創辦嚶嗚社，從事自由民權運動；次年辭去紙幣寮職務後，活躍於實業界。1879 年創辦《東京經濟雜誌》，站在自由主義經濟論的立場，批判保護貿易論和政府的經濟政策。曾任東京府會議員、市會議員，1894年以後任眾議院議員。

田口卯吉著有《自由交易日本經濟論》、《日本社會事匯》等，《日本開化小史》六卷是其代表作，1877 年至 1889 年刊行。他受到西方史學理論的影響，又參考了新井白石的《讀史餘論》等，以經濟與文化為重點，述說日本從古代到明治初期的歷史發展。田口卯吉亦是業餘歷史學家，1891 年創辦史學雜誌《史海》，1896 年編輯出版《國史大系》。有《鼎軒田口卯吉全集》八卷。

■山路愛山：以「平民史家」自許

山路愛山（1864-1917），歷史學家、評論家。本名彌吉，江戶人。東洋英和學校畢業，當過牧師，從事基

督教傳教活動，是《護教》雜誌的主筆。1892年加入德富蘇峰的民友社，任《國民新聞》記者，發表有獨創特色的史論和文學論，自稱「平民史家」，成為民間史學的開拓者之一。1899年任《信濃每日新聞》主筆，1903年創辦《獨立評論》雜誌，發表《國家社會主義梗概》。

山路愛山富有反抗精神，1905年憤於資本家專橫，建立國家社會黨，與左派社會主義者堺利彥等進行論戰。次年參加反對東京市內電車漲價運動，又任普通選舉期成同盟會評議員。其後從論壇隱退，專事著述。著有《足利尊氏》、《荻生徂徠》、《現代金權史》、《現代日本教會史論》、《社會主義管見》、《愛山文集》、《山路愛山史論集》。

■竹越與三郎：民間史學的重要代表

竹越與三郎（1865-1950），歷史學家。號三叉，埼玉縣人。慶應義塾畢業，民友社主要成員，《國民新聞》記者。1891年至1896年間，以歐洲文明史觀撰寫《新日本史》、《二千五百年史》、《日本經濟史》，成為民間史學的重要代表。後為西園寺公望所請，任《世界之日本》雜誌編輯。

1898年，竹越與三郎任文部省敕任參事官；1902年起五次當選眾議院議員，屬立憲政友會。1922年，任臨時帝室編修局編修官長，主持編纂《明治天皇御記》。次年敕選為貴族院議員。1940年任樞密顧問官。著作還有《台灣統治史》、《陶庵公》等。

■津田左右吉：日本古代史研究的奠基者

津田左右吉（1873-1961），歷史學家、文學博士。岐阜縣人。1891 年東京專門學校（早稻田大學前身）畢業，1907 年任滿鐵調查部、東洋協會學術調查部研究員，1919 年任早稻田大學教授。

津田左右吉從事日本上古史研究，著有《神代史新研究》、《古事記及日本書紀研究》、《日本上代史研究》、《上代日本社會及思想》等，證明神代史並非歷史事實，為「記紀」（《古事記》和《日本書紀》）的學術研究奠定了基礎，稱為「津田史學」。

但津田左右吉的著作受到右派攻擊，1940 年，日本當局以冒瀆皇室尊嚴為由，判以禁止出版處分，1942 年被判監禁三個月。戰後著文維護皇室，1949 年獲文化勳章。著作編為《津田左右吉全集》二十八卷。

津田左右吉在戰時認為日本與中國是兩個具有異質文化的國家，日本可以用世界性現代文明去「指導」落後的中國。戰後日本學者貝塚茂樹批評，津田左右吉忽視了中國本身自主性的歷史形成，看不到中華民族為創建新國家而奮鬥的事實，因而得不出正確的評價。

津田左右吉強調實證而又不為史料所束縛，認為徹底弄清具體生活的真象，才是歷史學的工作，因而一切問題都要邏輯地和實證地進行研究。

表十六　明治史學及其發展系譜

實證史學	在德國蘭克史學（史料學派）的影響下發展起來。在實證史學主導下的官方史學，衍生出日本天皇史觀。 ・《史學會雜誌》 ・《大日本史料》 ・《大日本古代文書》
文明史學	與自由民權相呼應，在西歐文明史學的影響下形成，1880 年代末，逐漸失去其影響力。 ・福澤諭吉著《文明論之概略》 ・田口卯吉著《日本開化小史》
民間史學	近代日本的啟蒙史學，興起於 1890 年代。 ・山路愛山著《足利尊氏》 ・竹越與三郎著《新日本史》 ・德富蘇峰著《吉田松陰》
文化史學	克服了實證史學局限於政治史的偏向，將視野擴大到社會、文化等領域。 ・西田直二郎著《日本文化史序說》 ・津田左右吉著《神代史的新研究》、《古事記及日本書紀的研究》及《上代日本社會和思想》。

結語：明治維新的現代意義

　　日本的明治維新，是亞洲近代化成功的典型例子，使日本從一個封建國家轉化為近代國家，在政治立憲、經濟發展和新式事物的採納方面，以及市民自由的擴大、教育事業的普及等等，均有著明顯的表現。凡此種種，都在當時和以後影響了鄰近的國家。

　　身份制度的廢除，使原先的四民得以解除縛束限制，成為新時代的人民，從而推動了近代事業。有些人世代被迫從事某種行業，竟然成為他們擅長的謀生技藝，繼續致力加以發揮，因而取得突破性的成就。在明治維新的過程中，作為中堅的士族，其上級仍或享有一些優遇，下級武士的精英分子則成為新政府的主導者，不滿的士族在西南戰爭後更趨沒落，或者成為大陸浪人，踏足海外。在中國和朝鮮尋找他們失落的空間或理念。

　　很多人都以為，明治維新純然是一個西化運動，其實並非如此，尤其是在明治中期以後。首先要指出的是，明治維新的締造者，大都接受過嚴格的漢學訓練，而又兼習蘭學或洋學，中國文化的熏陶，在他們

身上顯而易見。明治中期，極端的歐化主義遭受阻力，日本人不再處處崇尚歐美，返本復古的現象有跡可尋。

　　總的來說，明治維新最成功的事業是教育，毫無疑問，日本近代化奠基於對教育功能的重視，尤其是普及教育的推行，使國民素質迅速提升。雖然經過軍國主義抬頭所帶來的嚴重災禍，第二次世界大戰結束後，日本仍能奇蹟地在廢墟上重建起來，實與教育有莫大的關係。

　　由於藩閥政府的形成和軍部操控大權，使明治日本走上了向外擴張的侵略戰爭之路，刻意模仿西方列強，以至太平洋戰爭時與歐美諸國正面交鋒。真是「成也明治，敗也明治」，歷史教訓，彰彰明矣。戰爭帶來的心靈創傷和責任問題，不是一兩個世代所能消除的。改弦易轍和敢於承擔，實為正視歷史遺留問題的不二法門。

　　一百多年來，中國人對明治維新深有所感，以下三位歷史人物，分別代表三個時期的不同角度。

　　在晚清時代，梁啟超居留日本十數年，親身經歷和目睹明治社會的眾多事物，又受吉田松陰、福澤諭吉、德富蘇峰、加藤弘之等人的影響，但他不同於明六社思想家的一點，是對明治初年徹底的西化態度

有所保留，其時日本專求新知識的輸入，而於德育未嘗留意，致使風俗日壞；與此同時，梁氏接受了明治二十年代以後的新興思潮，對志賀重昂等人的作品是頗為留意的。

民國時期，孫中山從民族和文化的角度出發，對日本寄予厚望，呼籲中日合作。他認為日本民族既得到了歐美的霸道文化，又有亞洲王道文化的本質，今後究竟是做西方霸道的鷹犬，抑或是做東方王道的干城，取決於日本國民如何選擇。他又強調，中國欲求友邦，不可求之於美日以外，世界文化亦將因以大昌。中、日、美三國建立友好而協調的關係，亞太地區的和平及發展才有真正的保障。

中華人民共和國成立後，在改革開放實行之際，鄧小平發表題為「尊重知識，尊重人才」的講話，指出「日本人從明治維新就開始注意科技，注意教育，花了很大力量。明治維新是新興資產階級幹的現代化，我們是無產階級，應該也可能幹得比他們好」。事實證明，中國在四十多年來取得的成績，不少是超過明治維新的；當然，明治維新的成敗得失，尤其是明治人物的生平事蹟和言行思想，還有值得世人反思和參考的地方，對日本和亞洲以至世界各國都有其現代意義。

附錄一　新舊地名對照表

說明：（1）舊國名以 1868 年（明治元年）為準。（2）現代日本行政區分，包括一都（東京都）、一道（北海道）、兩府（京都府、大阪府）、四十三縣。（3）江戶是德川幕府所在地，1868 年改稱東京。（4）日本於 1872 年強行廢除琉球王國，設置琉球藩；1879 年，改設沖繩縣。

地區	舊國名／地名		都道府縣名／地名
北海道	蝦夷地		北海道
東北地方	陸奧	陸奧	青森、岩手
		陸中	岩手、宮城
		陸前	岩手、宮城
		磐城	福島、宮城
		岩代	福島
	出羽	羽前	山形
		羽後	秋田、山形

關東地方	安房、上總		千葉
	下總		千葉、茨城
	常陸		茨城
	相模		神奈川
	武藏		東京、埼玉、神奈川
	上野		群馬
	下野		櫔木
	江戶		東京都
中部地方	佐渡、越後		新潟
	越中		富山
	越前、若狹		福井
	能登、加賀		石川
	信濃		長野
	飛驒、美濃		岐阜
	甲斐		山梨
	駿河、伊豆、遠江		靜岡
	三河、尾張		愛知
近畿地方	畿內	山城	京都
		大和	奈良
		河內、和泉	大阪
		攝津	大阪、兵庫
	丹波		京都、兵庫
	丹後		京都
	近江		滋賀
	淡路、播磨、但馬		兵庫
	紀伊		和歌山
	伊勢、伊賀、志摩		三重

中國地方	美作、備前、備中	岡山
	備後、安藝	廣島
	周防、長門	山口
	因幡、伯耆	鳥取
	隱岐、出雲、石見	島根
四國地方	阿波	德島
	讚岐	香川
	伊予	愛媛
	土佐	高知
九州地方	筑前、筑後	福岡
	豐前	福岡、大分
	豐後	大分
	肥前	佐賀、長崎
	肥後	熊本
	日向	宮崎
	薩摩、大隅	鹿兒島
	壹岐、對馬	長崎

附錄二 大事年表（1853-1912）

■ 1853 年（嘉永六年）

- 美國使節培理到日本浦賀，要求開港通商。
- 俄國使節浦查亭到日本長崎

■ 1854 年（安政元年）

- 與美國簽訂《日美親善條約》（即《神奈川條約》），日本長達二百六十年的鎖國體制至此瓦解。
- 與英、俄兩國分別簽訂《日英親善條約》、《日俄親善條約》。

■ 1855 年（安政二年）

- 分別與法國、荷蘭簽訂《日法親善條約》、《日荷親善條約》。

■ 1856 年（安政三年）

- 美國駐日總領事哈利斯到日本就任

■ 1857 年（安政四年）

- 蕃書調所開校
- 與美國簽訂《下田條約》

■ 1858 年（安政五年）

- 井伊直弼任大老
- 與美、俄、荷、英、法五國締結通商航海條約，稱為《安政五國條約》。
- 幕府鎮壓反對派，發生安政大獄。

■ 1859 年（安政六年）

- 橋木左內、吉田松陰、賴三樹三郎等維新先驅人物被處死刑。

■ 1860 年（萬延元年）

- 櫻田門外之變，井伊大老被殺，尊王攘夷派志士介入政治。
- 與普魯士簽訂《通商條約》

■ 1861 年（文久元年）

- 竹內保德等赴歐交涉延期開埠開港問題，福澤諭吉等隨行。

■ 1862 年（文久二年）

- 老中安藤信正被傷害

- 生麥事件

■ 1863 年（文久三年）

- 高杉晉作組建奇兵隊

- 薩英戰爭，薩摩藩與英國東洋艦隊發生戰事。

- 八月十八日政變，尊王攘夷派被公武合體派驅逐出京都。

■ 1864 年（元治元年）

- 蛤御門事變（亦稱禁門之變），長州、薩摩兩藩舉兵入京，在皇宮蛤御門附近與幕府軍交戰失敗。

- 下關戰事，美、英、法、荷四國聯合艦隊炮轟下關。

- 第一次長州藩征討，幕府令各藩征伐長洲藩。

■ 1865 年（慶應元年）

- 《海外新聞》創刊，開始翻譯外國報紙。

■ 1866 年（慶應二年）

- 薩摩、長州兩藩聯合反對幕府。

- 第二次長州藩征討，幕府軍艦炮轟長州藩。
- 與比利時、意大利分別簽訂《日比友好通商航海條約》、《日意友好通商條約》。
- 德川慶喜任幕府將軍

■ 1867 年（慶應三年）

- 明治天皇即位
- 德川慶喜奏請奉還大政
- 坂本龍馬、中岡慎太郎被暗殺。
- 頒佈《王政復古大號令》，宣佈廢除幕府制度，成立新的明治政府。

■ 1868 年（明治元年）

- 鳥羽、伏見之戰，幕府軍大敗。戊辰戰爭開始。
- 明治政府頒佈《五條誓文》
- 江戶改稱東京
- 改元為明治

■ 1869 年（明治二年）

- 薩摩、長州、土佐、佐賀四藩提出版籍奉還。
- 遷都東京。
- 五稜郭之戰，榎本武揚投降。戊辰戰爭結束。

- 東京至橫濱之間開通電信

■ 1870 年（明治三年）
- 《橫濱每日新聞》發行
- 公佈統一軍制，海軍採取英制，陸軍採取法制。

■ 1871 年（明治四年）
- 建立郵政制度
- 實行廢藩置縣
- 簽訂《日中修好條規》
- 岩倉具視便節團赴歐美考察

■ 1872 年（明治五年）
- 福澤諭吉完成《勸學篇》
- 公佈學制，建立教育制度
- 新橋至橫濱之間鐵路開通
- 採用太陽曆
- 高島煤礦工人罷工

■ 1873 年（明治六年）
- 頒佈《徵兵令》
- 解除基督教禁令

- 公佈《地租改正條例》，改革地稅制度。
- 明六社成立
- 征韓論爭論，內治派勝利，征韓派失敗，西鄉隆盛等退出政府。

■ 1874 年（明治七年）
- 板垣退助等建議政府設立民選議院
- 與中國簽訂《台事專約》

■ 1875 年（明治八年）
- 公佈《讒謗律》、《新聞紙條例》，取締反政府運動。
- 日本入侵朝鮮，製造江華島事件。

■ 1876 年（明治九年）
- 出兵侵略台灣
- 禁止佩帶刀劍，取消封建俸祿。
- 士族叛亂，先後有敬神黨（神風連）之亂、秋月之亂、萩之亂。
- 強迫朝鮮簽訂《日朝修好條規》

■ 1877 年（明治十年）
- 西南戰爭爆發，明治政府征伐鹿兒島，士族叛亂。

- 設立東京大學

■ 1878 年（明治十一年）
- 山縣有朋發佈《軍人訓誡》

■ 1879 年（明治十二年）
- 廢除《學制》，制定《教育令》。
- 制定陸軍機關編制，規定陸軍直屬天皇。

■ 1880 年（明治十三年）
- 國會期成同盟成立，是自由民權運動的全國性組織。
- 《出售官營工廠條例》公佈

■ 1881 年（明治十四年）
- 板垣退助建立自由黨
- 明治十四年政變
- 發佈開設國會詔書

■ 1882 年（明治十五年）
- 頒佈《軍人敕諭》
- 大隈重信建立改進黨

■ 1883 年（明治十六年）

- 鹿鳴館落成

■ 1884 年（明治十七年）

- 在鹿鳴館舉行化裝舞會

■ 1885 年（明治十八年）

- 簽訂《中日天津條約》
- 實行內閣制

■ 1886 年（明治十九年）

- 公佈《帝國大學令》及《小學校令》、《中學校令》、《師範學校令》。

■ 1887 年（明治二十年）

- 頒佈《保安條例》

■ 1888 年（明治二十一年）

- 制定市町村制度
- 設置樞密院，伊藤博文任樞密院議長。

■ 1889 年（明治二十二年）

- 頒佈《大日本帝國憲法》（即《明治憲法》）
- 制定《皇室典範》
- 東海道幹線通車
- 發生第一次資本主義危機

■ 1890 年（明治二十三年）

- 立憲自由黨成立
- 制定《教育敕語》
- 召開第一次帝國議會
- 東京、橫濱通電話。

■ 1891 年（明治二十四年）

- 發生內村鑑三不敬事件

■ 1892 年（明治二十五年）

- 大井憲太郎等結成東洋自由黨

■ 1893 年（明治二十六年）

- 公佈《集會及政社法》、《出版法》、《版權法》。

■ 1894 年（明治二十七年）

- 開始修改不平等條約，簽訂《日美通商航海條約》。
- 中日甲午戰爭爆發

■ 1895 年（明治二十八年）

- 中日兩國簽訂《馬關條約》，日本佔有台灣。
- 俄、法、德三國阻止日本侵佔遼東半島。

■ 1896 年（明治二十九年）

- 川崎造船所建成

■ 1897 年（明治三十年）

- 實行金本位制度
- 設立八幡製鐵所
- 京都帝國大學成立
- 成立勞動組合期成會

■ 1898 年（明治三十一年）

- 大隈重信、板垣退助組織憲政黨內閣。
- 社會主義研究會成立

■ 1899 年（明治三十二年）

- 頒佈《關稅法》
- 頒佈《國有林野法》
- 木下尚江等組織普通選舉期成同盟會

■ 1900 年（明治三十三年）

- 實行《治安警察法》
- 參加八國聯軍，派兵到中國。
- 立憲政友會成立，伊藤博文任總理大臣。

■ 1901 年（明治三十四年）

- 八幡製鐵所投產
- 片山潛、幸德秋水、安部磯雄等人成立日本社會民主黨。

■ 1902 年（明治三十五年）

- 締結第一次《英日同盟》
- 《日韓議定書》成立

■ 1903 年（明治三十六年）

- 幸德秋水、堺利彥等成立平民社，發行《平民新聞》（周刊）。

■ 1904 年（明治三十七年）

- 日俄戰爭爆發
- 日本皇宮內設立大本營
- 日本逼使朝鮮簽訂《日韓議定書》

■ 1905 年（明治三十八年）

- 日俄兩國締結《樸茨茅斯條約》
- 締結第二次《英日同盟》

■ 1906 年（明治三十九年）

- 日本社會黨成立
- 公佈《鐵路國有法》
- 南滿洲鐵道公司（滿鐵）成立

■ 1907 年（明治四十年）

- 日本社會黨遭禁止

■ 1908 年（明治四十一年）

- 赤旗事件，鎮壓社會主義者。

■ 1909 年（明治四十二年）

- 伊藤博文在哈爾濱被暗殺

■ 1910 年（明治四十三年）

- 大逆事件，鎮壓社會主義運動。

- 《日韓合併條約》，吞併朝鮮，設立朝鮮總督府。

■ 1911 年（明治四十四年）

- 完全廢除與各國簽訂的不平等條約

- 締結第三次《英日同盟》

■ 1912 年（明治四十五年 / 大正元年）

- 明治天皇去世

- 大正天皇即位

主要參考書目

■中文

- 《世界歷史詞典》，上海：上海辭書出版社，1985年。

- 錫昌主編《外國歷史名人辭典》，南昌：江西教育出版社，1989年。

- 《世界近代史詞典》，上海：上海辭書出版社，1998年。

- 夏征農、陳至立主編《大辭海‧世界歷史卷》，上海：上海辭書出版社，2011年。

- 中國社會科學院編《簡明日本百科全書》，北京：中國社會科學出版社，1994年。

- ［日］竹內理三等編，沈仁安、馬斌等譯《日本歷史辭典》，天津：天津人民出版社，1988年。

- 吳杰主編《日本史辭典》，上海：復旦大學出版社，1992年。

- 成春有、汪捷主編《日本歷史文化詞典》，南京：南京大學出版社，2010年。

- 《日本文學詞典》，上海：上海辭書出版社，1994年。

- 中國日本史學會編《日本歷史風雲人物評傳》，

天津：天津人民出版社，1988年。

- 朱庭光主編《外國歷史名人傳（近代部分）》，重慶：中國社會科學出版社、重慶出版社，1982年。

- 伊文成、湯重南、賈玉芹主編《日本歷史人物傳（近現代篇）》，哈爾濱：黑龍江出版社，1987年。

- 趙曉春著《百代盛衰：日本皇室》，北京：社會科學文獻出版社，1998年。

- 楊棟樑著《日本歷屆首相小傳》，北京：新華出版社，1987年。

- ［日］鈴木正、［中］卞崇道等著《日本近代十大哲學家》，上海：上海人民出版社，1989年。

- 卞崇道、王青主編《明治哲學與文化》，北京：中國社會科學出版社，2003年。

- 中國日本史研究會編《日本史論文集》，北京：生活・讀書・新知三聯書店，1982年。

- 《明治維新的再探討》，北京：中國社會科學出版社，1981年。按：此書是《世界歷史》增刊論文集。

- 李顯榮、張宏儒、湯重南主編《外國歷史大事集（近代部分第三分冊）》，重慶：重慶出版社，1985年。

- 中國日本史學會編《日本歷史風雲人物評傳》，天津：天津人民出版社，1988年。

- 陳再明著《日本人物群像》，台北：聯經出版事業公司，1996年。

- 錢婉約著《從漢學到中國學——近代日本的中國研究》，北京：中華書局，2007 年。

- 伊文成、馬家駿主編《明治維新史》，瀋陽：遼寧教育出版社，1987 年。

- ［美］安德魯・戈登（Andrew Gordon）著，李朝津譯《200 年日本史：德川以來的近代化行程》，香港：中文大學出版社，2014 年。

- 周佳榮著《近代日本文化與思想》，香港：商務印書館（香港）有限公司，2015 年。

- 周佳榮著《細語和風：明治以來的日本》，香港：香港中和出版有限公司，2017 年。

■日文

- 永原慶二監修《岩波日本史辭典》，東京：岩波書店，1999 年。

- 芳賀幸四郎編著《日本史要覽》，東京：文英堂，1966 年。

- 五味文彥等編著《詳說日本史研究》，東京：山川出版社，1998 年。

- 入澤宣幸著《日本史 1200 人》，東京：西東社，2012 年。

- 日本史廣辭典編集委員會編《日本史人物辭典》，東京：山川出版社，2000 年。

- 《圖說江戶の人物 254》，東京：學習研究社，2004 年。

- 《世界を見た幕末維新英雄たち》，東京：新人

物往來社，2007 年。

- 《真說幕末明治維新史》，東京：ダイアプス，2018 年。

- 《明治維新百人》，東京：平凡社，1973 年。

- 《圖說‧明治の群像 296》，東京：學習研究社，2003 年。

- 利根川裕著《明治を創った人々》，東京：講談社，1986 年。

- 五味文彥編《日本史重要人物 101》，東京：新書館，1996 年。

- 松村正義著《國際交流史──近現代の日本》東京：地人館，1996 年。

- 鈴木旭、島崎晉著《日本史人物の謎 100》，東京：學習研究社，2008 年。

- 《日本史有名人家族の情景》，東京：新人物往來社，2006 年。

■英文

- *Kodansha Encyclopedia of Japan*. 9 vols. Tokyo and New York：Kodansha Ltd., 1983.

- *Japan：An Illustrated Encyclopedia*. 2 vols. Tokyo：Kodansha Ltd., 1993.

- *The Cambridge Encyclopedia of Japan*. Cambridge, New York and Melbourhe：Cambridge University Press, 1993.

- *The Kodansha Bilingual Encyclopedia of Japan.*

Tokyo：Kodansha International Ltd., 1998.《對譯日本事典》，東京：講談社國際株式會社，1998 年。

- Huffman, James L., *Modern Japan：An Encyclopedia of History, Culture, and Nationalism*. New York and London：Garland Publishing, Inc., 1998.

- *The Cambridge History of Japan*. Vols. 1-6. Cambridge：Cambridge University Press, 1988.

- Beasley, William G., *The Rise of Modem Japan*. London：Weidenfeld and Nicolson, 1991.

- *100 Japanese You Should Know*. Tokyo：Kodansha International Ltd., 1998.

- Varley, Paul, *Japanese Culture*. Forth Edition, Updated and Expended. Honolula：University of Hawaii Press, 2000.

- Huffman, James L., *Japan in World History*. Oxford & New York：Oxford University Press, 2010.

人名索引（筆畫次序）

策劃編輯　　　梁偉基

責任編輯　　　梁偉基

書籍設計　　　a＿kun

照片拍攝　　　行　旅

地圖提供　　　行　旅

封面繪圖　　　黃錦麗

書　　名　　一本讀懂明治日本

著　　者　　周佳榮

出　　版　　三聯書店（香港）有限公司

　　　　　　香港北角英皇道 499 號北角工業大廈 20 樓

　　　　　　Joint Publishing (H.K.) Co., Ltd.

　　　　　　20/F., North Point Industrial Building,

　　　　　　499 King's Road, North Point, Hong Kong

香港發行　　香港聯合書刊物流有限公司

　　　　　　香港新界大埔汀麗路 36 號 3 字樓

印　　刷　　美雅印刷製本有限公司

　　　　　　香港九龍觀塘榮業街 6 號 4 樓 A 室

版　　次　　2020 年 6 月香港第一版第一次印刷

規　　格　　大 32 開（132 × 210 mm）232 面

國際書號　　ISBN 978-962-04-4646-7

明治二十八年刊印的《鎌倉名所舊蹟全圖》